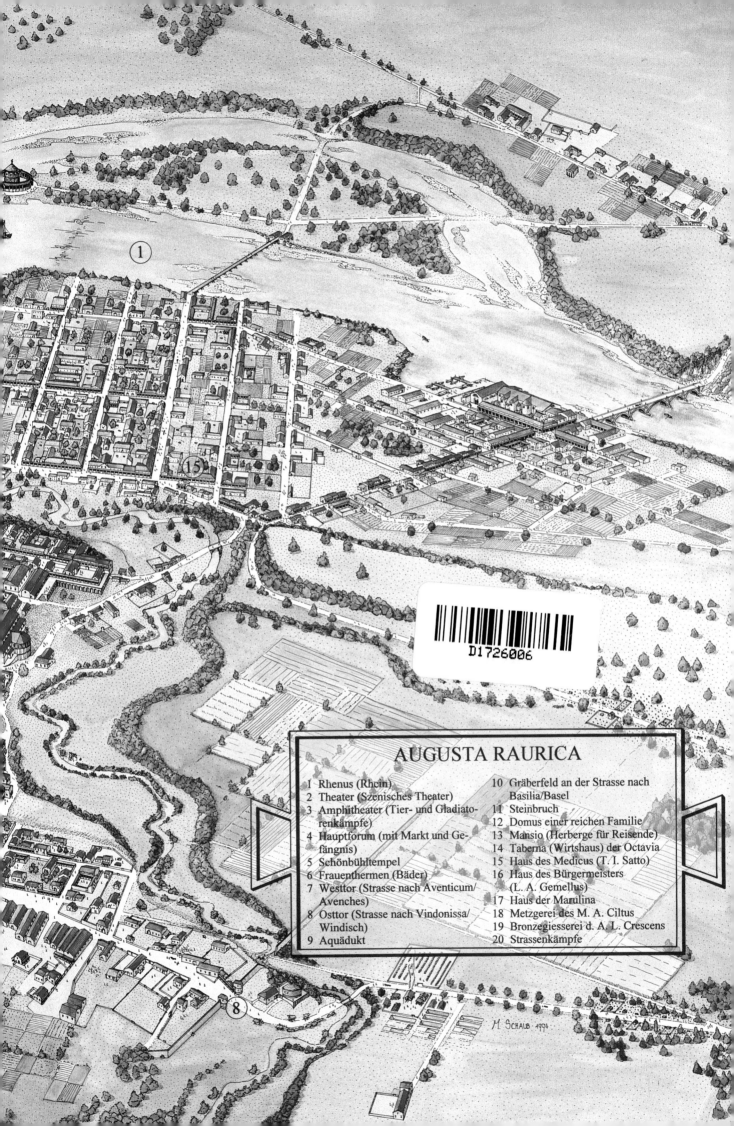

AUGUSTA RAURICA

1 Rhenus (Rhein)
2 Theater (Szenisches Theater)
3 Amphitheater (Tier- und Gladiatorenkämpfe)
4 Hauptforum (mit Markt und Ge-
  fängnis)
5 Schönbühltempel
6 Frauenthermen (Bäder)
7 Westtor (Strasse nach Aventicum/
  Avenches)
8 Osttor (Strasse nach Vindonissa/
  Windisch)
9 Aquädukt

10 Gräberfeld an der Strasse nach
   Basilia/Basel
11 Steinbruch
12 Domus einer reichen Familie
13 Mansio (Herberge für Reisende)
14 Taberna (Wirtshaus) der Octavia
15 Haus des Medicus (T. I. Satto)
16 Haus des Bürgermeisters
   (L. A. Gemellus)
17 Haus der Marulina
18 Metzgerei des M. A. Ciltus
19 Bronzegiesserei d. A. L. Crescens
20 Strassenkämpfe

M. SCHAUB · 1994

AUGSTER MUSEUMSHEFTE 15

DOROTHÉE ŠIMKO (Geschichte)
ROLF MEIER (Zeichnungen)

UNRUHIGE ZEITEN
IN AUGUSTA RAURICA

Augst 1995

Umschlagbild:
Roloff – Rolf Meier

Vorsatzpapier vorne:
Augusta Raurica, die blühende Römerstadt am Rhein bei Basel. Es ist die Stadt von Prisca und Silvanus; wir sehen sie zur Zeit ihrer Kindheit, um 240 n.Chr.
(Zeichnung Markus Schaub)

Vorsatzpapier hinten:
Augusta Raurica 80 Jahre später, um 320 n.Chr. Die ehemalige Stadt ist grösstenteils zerstört. Das römische Militär hat am Rhein ein stark befestigtes Kastell gebaut. Hier erzählt Silvanus als alter Mann seine Lebensgeschichte.
(Zeichnung Markus Schaub)

WIR VERDANKEN

DEN NIEDRIGEN VERKAUFSPREIS DIESES COMICS

DER SOPHIE UND KARL BINDING STIFTUNG IN BASEL

Wissenschaftliche Leitung: Alex R. Furger

Folgende Expertinnen und Experten standen den Herausgebern beratend zur Seite:
Claudia Bossert-Radtke, Augst · Markus Clausen, Liestal · Eckhard Deschler-Erb, Basel · Rudolf Fellmann, Basel · Sylvia Fünfschilling, Augst · Fritz Graf, Basel · Otto Hänzi, Basel · Bettina Janietz Schwarz, Augst · Christoph Jungck, Basel · Karin Kob, Augst · Hans Lieb, Schaffhausen · Hans-Peter Otten, Lörrach · Markus Peter, Augst · Emilie Riha, Contra · Beat Rütti, Augst · Markus Schaub, Augst · Debora Schmid, Augst · Peter-Andrew Schwarz, Augst · Verena Vogel Müller, Augst

ISBN 3-7151-1015-5

Herausgeber: RÖMERSTADT AUGUSTA RAURICA
Redaktion: Alex R. Furger
Verlagsadresse: Römermuseum, CH-4302 Augst
Auslieferung: BSB Buch Service, Rittergasse 20, CH-4051 Basel
Druck: boehm druck, Boehm-Hutter AG, 4153 Reinach
Fotolithos: Bufot AG, 4153 Reinach

Inhalt

Vorwort

Hunderttausende von Schulkindern haben Augusta Raurica, die Römerstadt am Rhein bei Basel, schon besucht. Meist bleibt's bei diesem einen Ausflug, obschon fast jedes Jahr wieder Neues von den alten Römern gefunden, konserviert und ausgestellt wird. Wenig bekannt sind auch die aktuellen Forschungsergebnisse, die durch ein Team von Archäologinnen und Archäologen erarbeitet werden.
Mädchen und Knaben aller Schulstufen gehören daher zu den treusten «Kunden» der RÖMERSTADT AUGUSTA RAURICA; sie machen etwa die Hälfte unserer Besucher aus. Nicht nur den Erwachsenen, sondern auch den Kindern und Jugendlichen möchten wir im Augster Römermuseum Gelegenheit zum Kauf eines preisgünstigen «Römer-Souvenirs» geben – etwa der Kopie einer Münze oder eines Öllämpchens – und eine interessante, altersgerechte Lektüre bereithalten. Seit einiger Zeit führen wir die Museumshefte «Kinder in Augusta Raurica» und «Antike Maskenspiele im römischen Theater. Eine Geschichte für Kinder und Jugendliche mit Masken zum Ausschneiden und Bastelanleitung» im Angebot.

Der vorliegende Comic beschreitet nun einen völlig neuen Weg: Er stellt das römische Alltagsleben von Augusta Raurica, sowohl in Wort als auch im Bild, dar und eignet sich vorzüglich als Vorbereitung auf einen Besuch der Römerstadt oder als Vertiefungslektüre.
Das Buch «Prisca und Silvanus» ist mehr als nur eine interessante Bildergeschichte, stützt es sich doch auf die Resultate der archäologischen Forschung in Augusta Raurica. Wir wissen zwar von Inschriftfunden, dass einst eine Prisca und ein Silvanus gelebt haben; ob sie sich allerdings kannten und gemeinsam das in unserer Geschichte geschilderte Schicksal erfuhren, das wissen die Götter... Ziel unserer aufwendigen Forschungs- und Recherchierarbeit war jedoch die Feststellung: «So könnte es gewesen sein».
Allen beteiligten Fachleuten möchte ich ganz herzlich danken; sie haben mit ihrem Wissen und mit ihrer Erfahrung dazu beigetragen, dass möglichst viele Gegenstände, Kleider, Gebäude, Götter usw. in der Comic-Story authentisch und alle berücksichtigten geschichtlichen Ereignisse, Namen und Inschriften historisch nachgewiesen sind.
Nicht nur die gezeichneten Comic-Seiten in diesem Band sind neu, sondern auch die beiden rekonstruierten Stadtansichten auf dem vorderen und hinteren Vorsatz – eine grossartige Leistung von Markus Schaub. Die grösste Anerkennung verdienen ganz sicher die beiden Schöpfer des Comics, die über mehrere Jahre begeistert am vorliegenden Werk gearbeitet haben: Dorothée Šimko, welche die spannende Geschichte ausgeheckt, verfasst und das ganze Projekt koordiniert hat, und der Grafiker Roloff–Rolf Meier, dem die brillanten Bilder zu verdanken sind.

Dass das vorliegende Augster Museumsheft möglichst vielen jugendlichen Leserinnen und Lesern zu einem sehr günstigen Preis angeboten werden kann, ist einem Druckkostenzuschuss der Sophie und Karl Binding Stiftung in Basel zu verdanken! Den Mitgliedern des Stiftungsrates sind wir hierfür ausserordentlich dankbar.

RÖMERSTADT AUGUSTA RAURICA
Der archäologische Leiter:
Alex R. Furger

SEID GEGRÜSST, LIEBE KINDER...

SALVE SILVANE!*

IM KASTELL KAISERAUGST 321 n. CHR.

KOMMT NUR!

ICH BIN NUN EIN GREIS VON 82 JAHREN UND MÖCHTE EUCH MEINE GESCHICHTE ERZÄHLEN.

NICHT JEDEM IST ES IN DIESEN ZEITEN VERGÖNNT, SO ALT WIE ICH ZU WERDEN. FORTUNA, DIE GLÜCKSGÖTTIN, STAND MIR BEI.

ES IST ALSO DIE GESCHICHTE VON PRISCA UND MIR, SILVANUS.

IHR FRAGT, WER PRISCA IST? DAS VERRATE ICH EUCH NOCH NICHT...

ABER SIE SPIELT EINE WICHTIGE ROLLE IN MEINEM LEBEN.

*SEI GEGRÜSST, SILVANUS

7

ES WAR IN DEM JAHR, ALS KAISER GORDIAN ERSTMALS KONSUL WAR*, UND ICH AN DEN KALENDEN DES MAIUS** DAS LICHT DER WELT ERBLICKTE.

WÄÄÄH

WIE FÜHLST DU DICH, AUGUSTILLA? DU HAST DICH SO SEHR ANGESTRENGT.

WÄÄH

LASS SIE AUSATMEN, PHYLLIS. ES IST ALLES GUT GEGANGEN.

ZEIG MIR DAS KIND, LUCINA.

EIN GESUNDER KNABE IST ES, VALERIA AUGUSTILLA.

NUN BRING ICH DICH ZU BETT.

...UND DU, PHYLLIS, HOL MIR HEISSES WASSER, SAUBERE TÜCHER UND SAG MARCUS AURELIUS CILTUS, DEM VATER, BESCHEID.

SO, JETZT LEG ICH DEN KNABEN ZU DEINEN FÜSSEN NIEDER, DAMIT IHN DER VATER VOM BODEN HOCHHEBEN UND ZUM WEITEREN STAMMHALTER ERKLÄREN KANN, WIE ES DIE SITTE VERLANGT.

AUGUSTILLA!

* IM JAHRE 239 n. Chr.
** ERSTER MAI

8

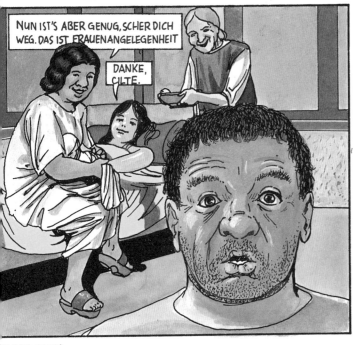

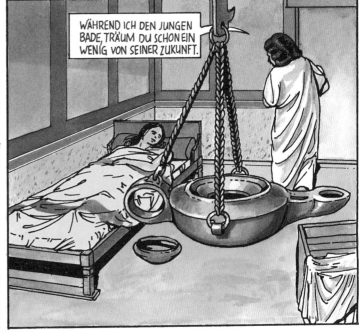

*MEIN SOHN

UND JETZT NAHM MICH DIE HEBAMME ERBARMUNGSLOS IN DIE HÄNDE, TAUCHTE MICH INS WARME WASSER, FEGTE MICH, SCHLEUDERTE MICH IN DIE LUFT UND DRÜCKTE MICH AN IHREN WARMEN BUSEN...

SO MEIN HERZCHEN, NUN PACK ICH DICH NACH ALLEN REGELN DER KUNST EIN...

...DAMIT DEINE ÄRMCHEN UND BEINCHEN SCHÖN GERADE WACHSEN.

NACHDEM PHYLLIS MEINEM VATER DIE TOGA KUNSTVOLL UMGELEGT HATTE, BEGAB ER SICH MIT MEINEN DREI BRÜDERN, FUSCINUS, ALBANUS, OLUS UND SEINEN SKLAVEN UND SKLAVINNEN VOR DEN HAUSALTAR, UM DEN GÖTTERN FÜR DIE GLÜCKLICHE GEBURT ZU DANKEN.

SCHON BALD NACH DER GEBURT BEKAM ICH EI-NE FREUNDIN....

DIE MIR NICHT MEHR VON DER SEITE WEICHEN SOLLTE.

SPÄTER, ALS ICH BEGANN, LAUTE AUSZUSTOSSEN UND WORTE ZU BILDEN, BEGRÜSSTE ICH MEINE FREUNDIN STETS MIT EINEM LAUTEN „CICII". SEITHER HIESS SIE CICHA * ODER CICI.

ZUR BELOHNUNG BEKAM SIE AUS DER METZGEREI EINEN KNOCHEN ZUGEWORFEN. JA, CICHA WAR EINE GESCHEITE HÜNDIN UND ALLE HATTEN SIE GERN. SIE KONNTE MICH ZUM LACHEN BRINGEN UND LIESS MICH DIE ZEIT, IN DER ICH BIS ZUM HALS EINGESCHNÜRT DALAG, BESSER ÜBERSTEHEN.

ZUM GLÜCK BEFREITE MICH MEINE MUTTER IMMER VON DEN ENGEN BANDAGEN, WENN SIE MIR DIE BRUST GAB. SO VERGING DIE ERSTE ZEIT MEINES LEBENS.

ALTES KELTISCHES WORT FÜR HUND. SPRICH KICHA.

*OLUS BEDEUTET GEMÜSE.

* KINDER SIND KINDER, UND KINDER TREIBEN KINDEREIEN.

URSE! SOLL ICH DIR BEINE MACHEN? HÄNG ENDLICH DIE SCHINKEN ZUM RÄUCHERN IN DIE KAMMER! GLAUBST DU, ROM WILL SIE ROH FRESSEN?

CICHA, WO BLEIBST DU?

DIE WERDEN GUT GEWÜRZT, DIE WÜRSTE.

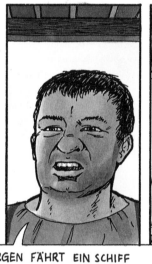

MORGEN FÄHRT EIN SCHIFF DEN RHENUS* HINAB. DIE WÜRSTE MÜSSEN HEUTE NOCH ZUM HAFEN.

SILVANE, DU HAST GENUG GEHOLFEN. SAG DER MUTTER, DASS ES SPÄTER WIRD, UNSERE SKLAVEN ARBEITEN WIE DIE SCHNECKEN.

SABINE, DU SCHLINGEL! MACHST DER SECUNDINA WIEDER EINMAL SCHÖNE AUGEN. STÖR SIE NICHT BEI DER ARBEIT, ODER MUSS ICH DIR PFEFFER IN DEN HINTERN STREUEN?

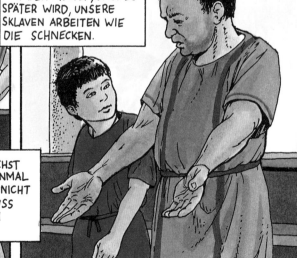

* RHEIN

14

FANG DEN STEIN, CICHA!

HOLLA!

WAS IST DENN DAS?

SIEHT AUS WIE EIN SPITZER FINGER, WIE EINE STEINERNE PFEILSPITZE. ODER IST ES EIN ABGEBROCHENER BLITZ?

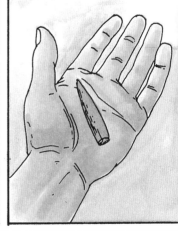

DA LIEGT NOCH EINER ......

KOMM CICHA, SCHLÜPFEN WIR IN UNSER VERSTECK.

NUN, GEH SCHON.

Iiiiiih!!

16

SA... SALVE, WER BIST DU?

HÄ?

DASSELBE MÖCHTE ICH AUCH GERNE WISSEN. UND ÜBERHAUPT, WAS MACHST DU IN MEINEM VERSTECK?

ICH BIN LICINIA PRISCA, DIE TOCHTER VON AULUS LICINIUS CRESCENS, DEM BRONZEGIESSER, UND DIESES VERSTECK GEHÖRT MIR. ICH WAR ZUERST DA, DAS KANN ICH DIR BEWEISEN.

HAHA, DAS BEWEISE NUR, LOS, ZEIG'S MIR!

GUT!

DA, GLEICH BEI DIESER WURZEL HAB ICH VOR EINIGER ZEIT EIN TOTES MÄUSCHEN BEGRABEN. ES MUSS NOCH HIER LIEGEN.

LASS NUR, ICH GLAUB ES DIR. WIR KÖNNEN UNS DAS VERSTECK JA TEILEN.

EINVERSTANDEN - ABER SAG, WIE HEISST DU EIGENTLICH?

SILVANUS - UND DAS IST MEINE FREUNDIN, CICHA.

ICH BIN FAST OBEN. WO BLEIBST DU, PRISCA?

WAF?

HIER BIN ICH, HÄNGENGEBLIEBEN!

MEIN KLEID IST SCHON ZERRISSEN – OH, WAS WIRD BLOSS MEIN VATER DAZU SAGEN?

DEIN VATER? DU MEINST WOHL DEINE MUTTER, DIE FLICKT DOCH DEINE KLEIDER – ODER?

ICH HAB EIN STÜCK BROT, WILLST DU ETWAS DAVON? WEISST DU, EIGENTLICH HAST DU GEWONNEN...

WENN NUR DER BLÖDE AST...

NUN HAST DU ABER EINEN KUSS ZUGUTE.

DU BIST LIEB, SILVANE...

...NICHT SO GROB, WIE DIE ANDEREN JUNGEN. WEISST DU, MEINE MUTTER IST TOT. LETZTES JAHR HÄTTE ICH EIN BRÜDERCHEN BEKOMMEN SOLLEN — ABER ES KAM TOT ZUR WELT, UND EIN PAAR TAGE DANACH STARB AUCH MUTTER.

ARME PRISCA... SCHAU MAL, DAS HAB ICH VORHIN AUF DEM WEG GEFUNDEN, WILLST DU'S HABEN?

ICH SCHENK'S DIR

OH, DU HAST ABER ETWAS KOSTBARES GEFUNDEN! DAS IST EIN LUCHSSTEIN.* WENN MAN ZWEI ANEINANDERREIBT, RIECHT ES GANZ SCHARF. SATTO, DER MEDICUS UND FREUND MEINES VATERS, SAGT, ES SEI DER VERSTEINERTE URIN EINES LUCHSES.

WAS DU ALLES WEISST, PRISCA.

NA, DAS IST DOCH URSUS, VATERS SKLAVE! BEIM JUPITER, WAS SUCHT DER DENN HIER?

＊ LYNCURIUM, BELEMNIT

19

UNTERDESSEN HERRSCHT IN DER METZGEREI GROSSE AUFREGUNG. MUTTER AUGUSTILLA SUCHT IHREN JÜNGSTEN, SILVANUS, UND VATER CILTUS SCHREIT VERGEBLICH NACH URSUS.

JETZT HAB ICH DEN DONNERSKERL DOCH NUR GESCHICKT, DEN WAGEN ZU HOLEN, DAMIT WIR DIE SCHINKEN UND WÜRSTE ZUM HAFEN BRINGEN KÖNNEN!

NIMM'S MIT DER RUHE, CILTE. DU KENNST IHN DOCH. ER WIRD NOCH RASCH BEI OCTAVIA IN DER TABERNE EINEN BECHER WEIN KIPPEN.

AAAAAH!!

MUTTER, MUTTER, ICH HAB MICH GESCHNITTEN...!

OH, ES SCHMERZT SO SEHR.

WIE IST DAS GESCHEHEN, OLUS? ZEIG HER!

ES IST EINE TIEFE WUNDE, OLUS. KOMM, ICH REINIGE SIE MIT WASSER UND VERBINDE DIE HAND. PHYLLIS!!

ICH WEISS, ICH WEISS. HAB'S SCHON ERFAHREN. OLUS HAT SICH VERLETZT.

ICH BRING SCHON DIE TÜCHER.

AU, AU, AUA MAMA, MAMA!

INZWISCHEN AN DER BRÜCKE.

DA STIMMT ETWAS NICHT, PRISCA, JETZT KOMMT NOCH JEMAND.

PSST, SILVANE, NICHT SO LAUT. SCHAU, DER MANN SIEHT SELTSAM AUS. DAS MUSS EIN FREMDER SEIN.

SIEH, URSUS ÜBERGIBT DEM FREMDEN DEN SACK.

WIR MÜSSEN IHNEN NACH-SCHLEICHEN, GEH DU URSUS NACH, PRISCA, ICH FOLGE DEM FREMDEN.

JA, EINVER-STANDEN.

WIR TREFFEN UNS MORGEN IN UNSEREM VERSTECK UND ER-ZÄHLEN UNS VON DEN BEOB-ACHTUNGEN. AUF WIEDER-SEHEN, PRISCA.

AUF WIEDER-SEHEN, SILVANE.

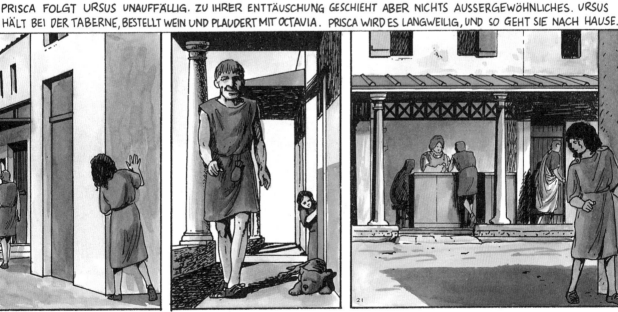

PRISCA FOLGT URSUS UNAUFFÄLLIG. ZU IHRER ENTTÄUSCHUNG GESCHIEHT ABER NICHTS AUSSERGEWÖHNLICHES. URSUS HÄLT BEI DER TABERNE, BESTELLT WEIN UND PLAUDERT MIT OCTAVIA. PRISCA WIRD ES LANGWEILIG, UND SO GEHT SIE NACH HAUSE.

GRAFFITI: ICH LIEBE DICH, KOMM UND HILF.
PRIMUS MIT SILVINA.
SIEHE AUCH HINTEN IM QUELLENVERZEICHNIS ZU S. 21

21

INZWISCHEN VERFOLGT SILVANUS DEN FREMDEN.

IM UNTERHOLZ ÜBERHOLT ER IHN UNBEMERKT.

INSCHRIFT AUF DEM MEILENSTEIN: UNTER DEM KAISER TITUS AELIUS HADRIANUS ANTONINUS PIUS DEM OBER-STEN PRIESTER, ZUM 2. MAL CONSUL, ZUM 3. CONSULAT DESIGNIERT, DEM VATER DES VATERLANDES. VON AUGUSTA RAURICA 1 MEILE ENTFERNT.

ICH WEISS ALLES ÜBER DICH UND URSUS — NIMM DICH IN ACHT UND ZEIG DICH HIER NICHT WIEDER!

ICH...

KLEINE KRÖTE!

IM HAUS DES METZGERS SIND SEIT OLUS' UNFALL ETWA ZWEI STUNDEN VERSTRICHEN.

MUTTER, MEINE HAND SCHMERZT SO SEHR - BIS ZUM HALS HIN- AUF TUT'S WEH.

GLEICH VERBINDE ICH DICH FRISCH, UND PHYLLIS BRINGT DIR EIN SÜPPCHEN. DAS WIRD DIR GUT- TUN, MEIN JUNGE.

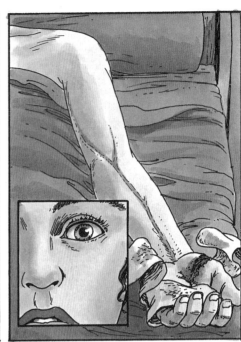

PHYLLIS, WIR MÜSSEN DEN ARZT HOLEN, OLUS GEHT'S NICHT GUT. BRING IHM INZWI- SCHEN DIE SUPPE.

SILVANE, KANNST GLEICH WIEDER GEHEN UND MIT DEINEM ÄLTEREN BRU- DER, TIBERIUS INGENUIUS SATTO, DEN MEDICUS* HOLEN. OLUS HAT SICH MIT DEM FLEISCHER- MESSER GESCHNITTEN.

KANNST DICH AUF MICH VERLAS- SEN, MUTTER. KOMM, CICHA!

BEVOR SICH AUGUSTILLA WIE- DER UM OLUS KÜMMERT, BITTET SIE DIE LAREN** UM HILFE UND BEISTAND.

FUSCINE, MUTTER SCHICKT UNS ZUM MEDICUS, OLUS FÜHLT SICH SCHLECHT. KOMM MIT, ES DUNKELT JA SCHON.

* ARZT ** SCHUTZGÖTTER DES HAUSES

..ICH WERDE MIT DEM SCHON FERTIG UND KOMM DANN NACH.

MEIN GROSSER BRUDER WIRD'S IHM SICHER ZEIGEN...

WIE GEHT'S WOHL OLUS?

CITO, MEDICE!*

ICH BIN SILVANUS, DES MARCUS AURELIUS CILTUS JÜNGSTER SOHN. MEIN BRUDER HAT SICH VER-LETZT. ER BRAUCHT DRINGEND DEN MEDICUS.

ACH, DU BIST ES, SILVANE. SALVE ET INTRA**

ICH MACH MICH NUR RASCH BEREIT. GAI, SPANN MEIN PFERDCHEN AN!

SCHNELL, GESCHÄTZTER ARZT!

** SEI GEGRÜSST UND TRITT EIN.

WAS HAST DU DA MERKWÜRDIGES, SATTO?

ACH SO, DU MEINST MEINE AUTHEPSA.*

...EIN PRACHTSTÜCK, NICHT WAHR. IN IHR KANN ICH WASSER KOCHEN, WELCHES NACHHER NOCH LANGE HEISS BLEIBT, DER STIERKOPF IST DAS HÄHNCHEN.

SO, NUN MÜSSEN WIR UNS ABER BEEILEN. WAS SILVANUS UNS ERZÄHLT HAT, KLINGT NICHT GUT.

A...A.POLLUX! ZEIG, DASS DU FÜR DEIN ALTER NOCH GANZ RÜSTIG BIST.

SIE KOMMEN!

CITO, SATTO!

* SELBSTKOCHGERÄT (NACH DEM PRINZIP DES RUSSISCHEN SAMOWARS).

26

AH, SATTO! DU WIRST DOCH BESTIMMT MEINEN SOHN RETTEN.

MEIN BESTES WERD ICH TUN, LIEBE AUGUSTILLA, WENN ES ABER DEN GÖTTERN BELIEBT, DIR DEINEN OLUS WEGZUNEHMEN, DANN...

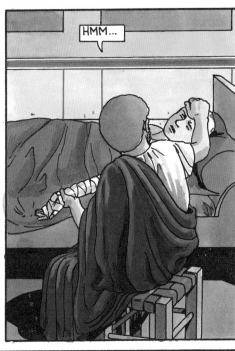

HMM...

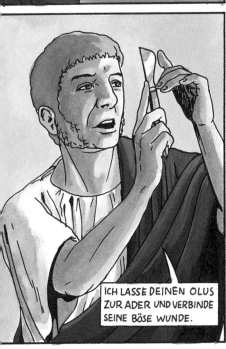

ICH LASSE DEINEN OLUS ZUR ADER UND VERBINDE SEINE BÖSE WUNDE.

GIB IHM DIE GANZE NACHT VERDÜNNTEN WEIN MIT HONIG ZU TRINKEN UND LEG IHM KÜHLE TÜCHER AUF DIE STIRN.

MORGEN SCHAUE ICH DANN NOCHMALS NACH IHM.

SILVANE, WO IST DENN FUSCINUS GEBLIEBEN?

ACH DU SCHRECK! DAS HABE ICH VÖLLIG VERGESSEN.

SILVANUS BERICHTET SCHNELL DIE GESCHICHTE.

WAS!! UND DAS SAGST DU ERST JETZT. CAMELUS HÄTTE ICH DICH NENNEN SOLLEN, NICHT SILVANUS. LOS, KOMM MIT UND BRING MICH ZU DEINEM BRUDER!

DEM KERL, DER MEINEN SOHN ANGEGRIFFEN HAT, WILL ICH DEN GARAUS MACHEN UND IHM ZEIGEN, WER HIER IN RAURICA METZGER IST!

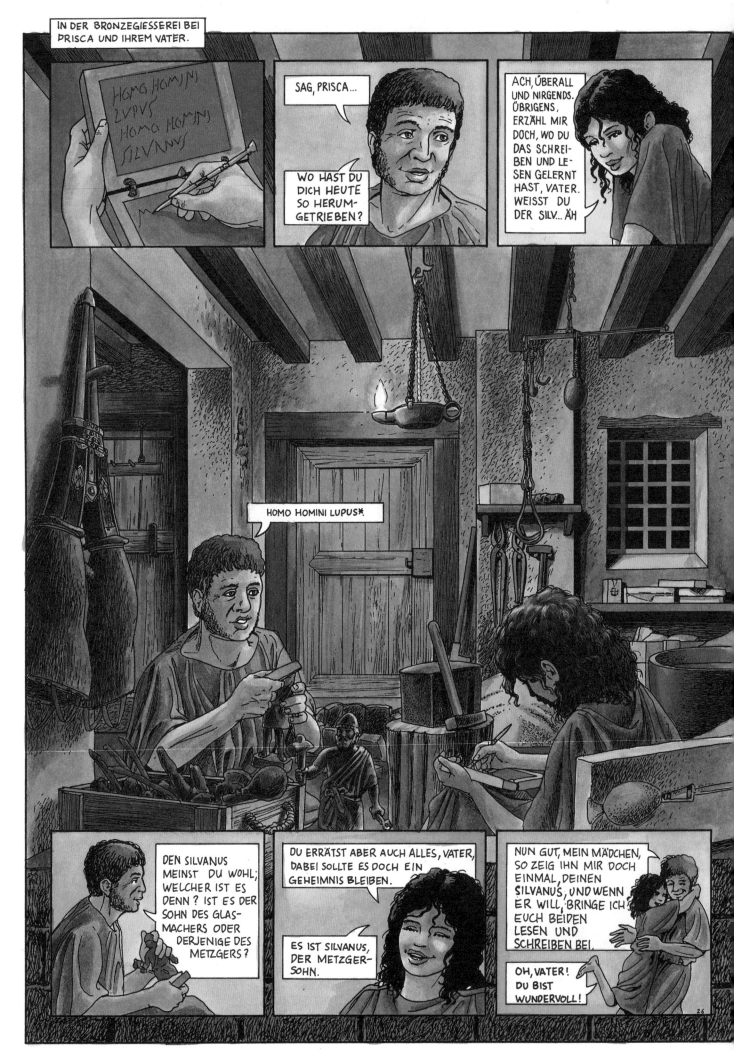

* DER MENSCH IST DES MENSCHEN WOLF

WARTE HIER.

AHHH!!

FUSCINE, MEIN GROSSER, MIT 16 JAHREN SCHON HABEN DICH DIE GÖTTER ZU SICH GEHOLT...

REICHT ES DENN NICHT, DASS OLUS SCHON TODKRANK ZU HAUSE LIEGT?

SILVANE, MEIN JÜNGSTER, WIE BRINGEN WIR DIESES UNGLÜCK BLOSS DEINER MUTTER BEI, SAG MIR?

EIN WAGEN?

SATTO! HALT AN!

ALIUD EX ALIO MALUM. [1]

O LUTUM LENONIUM! [2] ER HAT IHN VON HINTEN ERSTOCHEN!

ICH MUSS ES DEM KERL HEIMZAHLEN, UND DU, SILVANE, HILFST MIR, DU HAST IHN JA GESEHEN, DIESEN PERCUSSOR. [3]

ISTE SICARIUS! [4]

ISTE SCELESTUS! [5]

ABER ES WAR DOCH SCHON DUNKEL, VATER.

GANZ EGAL, DU HAST DOCH DIE STIMME DIESES CACATOR [6] VERNOMMEN, UND DIE WIRST DU WIEDER ERKENNEN, VERSTANDEN?

SILVANE, ICH LASS MIR MEINE SÖHNE NICHT EINFACH NEHMEN! ÜBRIGENS IST AUCH DEIN LEBEN IN GEFAHR. BEDENKE, DIESER SICARIUS KENNT DICH!

ES IST NICHTS MEHR ZU TUN, CILTE. DER MÖRDER HAT IHN MITTEN INS HERZ GETROFFEN.

1 EIN UNGLÜCK KOMMT SELTEN ALLEIN.
2 O HUNDEDRECKSKERL
3 MÖRDER

4 DIESER ELENDE MESSERSTECHER
5 DIESER ELENDE VERBRECHER
6 SCHEISSKERL

LEGEN WIR IHN AUF MEIN WÄGELCHEN.

SILVANE, BRING MIR BITTE DIE LATERNE

SOFORT, SATTO.

OHA!?

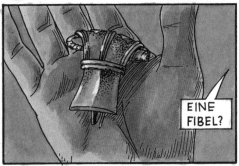

EINE FIBEL?

O FUSCINE, MEIN BRUDERHERZ, MIR WOLLTEST DU DAS LEBEN RETTEN.

SILVANE, WIR FAHREN.

GRR, WAF WAF

RUHIG, CICHA.

CAENUM*! ER HAT MEINE FIBEL EINGESTECKT.

PERII!**

* HUNDESOHN
** VERDAMMT

30

HABT IHR FUSCINUS GEFUNDEN?

MUTTER...

FUSCINE!!

FUSCINE, MEIN ERSTGEBORENER!

WAS IST GE-SCHEHEN?

ES IST FUSCINUS, DER SOHN VON CILTUS.

EINEM PER-CUSSOR, EINEM MÖRDER, IST ER ZUM OPFER GEFALLEN.

MAN MUSS DIE AMTSDIENER HOLEN.

LASS UNS FUSCINUS HINEINTRAGEN. IHR KÖNNT IHN DANN MIT HILFE VON URSUS FÜR SEINE REISE INS JEN-SEITS BEREITMACHEN.

URSE!

URSUM?

MÖGEN DIE GÖTTER DIESEN HOMO FURIOSUS, DIESEN WAHN-SINNIGEN, BESTRAFEN.

JA, DIE AMTS-DIENER.

WENN ICH IHN NUR FINDE, DIESEN KERL, ICH MUSS IHM SAGEN, DASS ICH MIT DER SACHE NICHTS ZU TUN HABE...

...VON EINEM MORD WAR NIE DIE REDE, SCHON GAR NICHT VOM MORD AM SOHN MEINES MEISTERS. SO WAR'S NICHT ABGE-MACHT. NEIN, ICH BIN GANZ UND GAR UNSCHULDIG.

ZUR GLEICHEN ZEIT IM HAUS DES METZGERS.

SIEHT ER NICHT AUS, ALS OB ER NUR SCHLAFEN WÜRDE, PHYLLIS?

GEWISS... WEN DIE GÖTTER LIEBEN, DEN LASSEN SIE JUNG STERBEN.

SECUNDINA, WIE GEHT ES OLUS?

SCHLECHT, AUGUSTILLA, ER HAT FIEBER UND PHANTASIERT.

DER ARME WEISS NICHT, WAS MIT SEINEM BRUDER PASSIERT IST.

PHYLLIS, BEREITE DAS ESSEN FÜR DIE MANEN, DIE TOTEN-GEISTER, VOR ...

WIR WOLLEN IHNEN OPFERN, DAMIT SIE UNSEREN FUS-CINUS GUT AUFNEHMEN.

PLÖTZLICH IST AUGUSTILLA ALLEIN. VERZWEIFLUNG ÜBER-KOMMT SIE...

CHR

SILVANUS MERKT NICHT MEHR, WIE SEIN VATER INS ZIMMER TRITT UND IHN INS BETT BRINGT. ALBANUS SCHLÄFT LÄNGST. FUSCINUS' BETT IST LEER.

IN DERSELBEN NACHT BETRITT EIN FREMDER DIE TABERNA DER MANSIO* UND VERLANGT EIN ZIMMER FÜR EINE NACHT, EINEN BECHER WEIN, EIN GEBRATENES HÜHNERBEIN, BROT UND EINE SCHALE WASSER.

DAS ESSEN BRING ICH DIR GLEICH!... SOLL'S AUCH EINE HÜBSCHE PUELLA** SEIN?

NEIN.

HUF, DAS HÄTTEN WIR. GANZ UNBEMERKT BIN ICH HIERHER GELANGT.

NUN WILL ICH DAS BLUT AN MEINEM GEWAND AUSWASCHEN UND MORGEN WERDE ICH MIR AUF DEM MARKT EINE NEUE FIBEL KAUFEN.

DAS ESSEN, DOMINE***!

ABER ERST BERUHIGE ICH MEINEN MAGEN.

TABERNA IN DER HERBERGE ** MÄDCHEN *** HERR

33

UNGLAUBLICH, WIEVIEL KRAFT IN SO EINEM KERLCHEN STECKT. DER KAMPF MIT DIESEM...-FUSCINUS HAT IHN DER KLEINE GENANNT-... HAT MICH GANZ SCHÖN ANGESTRENGT.

ABER MEIN MESSER HAT MICH WIEDER MAL GERETTET-HÄ HÄ.

JETZT MUSS ICH MEIN GEWAND VOM BLUT BEFREIEN.

VERDAMMT, ICH BRAUCHE FRISCHES WASSER.

IST DIE LUFT REIN?

HALLO, FREMDER.

WILLST DU DICH IN MEINEN ARMEN ETWAS AUSRUHEN?

DOMINE?

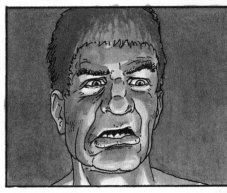

BLUTSAUGERIN, MERETRIX¹, GLAUBST WOHL, DU KÖNNTEST MIR DIE LETZTEN DENARE² AUS DEM BEUTEL LOCKEN!

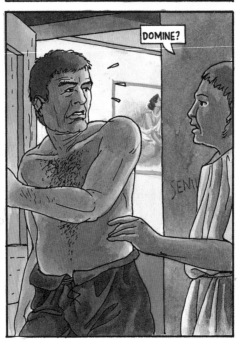

BRAUCHST DU NOCH ETWAS?

ÄH, JA-FRISCHES WASSER.

1 DIRNE
2 SILBERMÜNZEN

GRAFFITO AN DER WAND HINTER BETT:
SIEHE HINTEN IM QUELLENVERZEICHNIS ZU S. 3

34

FRÜH AM ANDEREN MORGEN.

ICH GEH JETZT, VATER.

HE, PRISCA, KOMMST DU AUCH ZUM WOCHENMARKT?

NEIN, HAB KEINE ZEIT!

SCHADE, ICH WÜRDE DIR EIN TÖNERNES HÜNDCHEN SCHENKEN.

ICH WILL'S MIR ÜBERLEGEN!

UPS!

HALLO PRISCA, WOHIN DENN SO FRÜH?

HALLO TATO, ZU SILVANUS WILL ICH GEHEN.

DU MEINST WOHL DEN METZGER-SOHN. DORT STÖRST DU JETZT EHER.

EIN GROSSES UNGLÜCK IST GESCHEHEN. DU WEISST ES NOCH NICHT?

IN DER LETZTEN NACHT SIND UNSEREM METZGER CILTUS GLEICH ZWEI SÖHNE GESTORBEN.

NUN MUSS ICH ERST RECHT HINGEHEN!

35

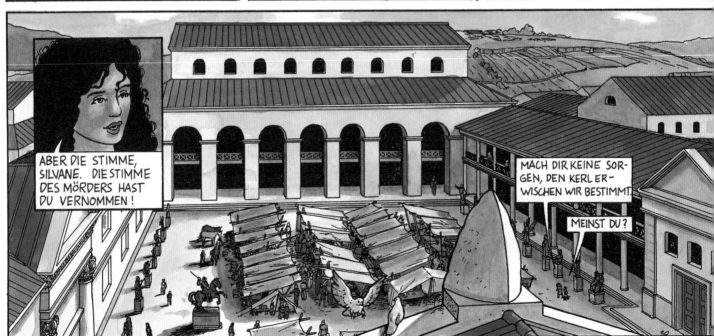

VORZÜGLICHER KÄSE! KAUFT MEINEN KÄSE, IHR LEUTE.

FRISCHER HECHT AUS DEM RHENUS, NUR ZWEI ASSE✱ DAS PFUND.

SCHWEINESCHMALZ! KAUFT BEI MIR...

FRISCHE, GROSSE EIER. FEILSCHT MIT MIR, IHR LEUTE! GROSSE EIER...

FETTE GÄNSE...

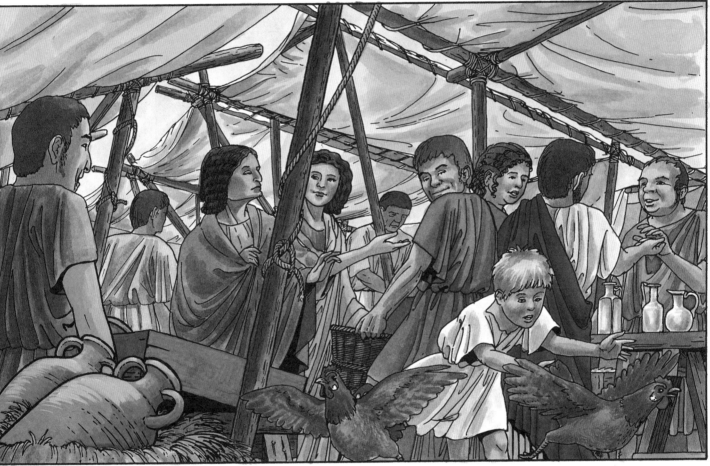

HE, IHR MIST-VIECHER!

GA-AK

VERSCHWINDET VON MEINEM BROT, IHR SUMPFHÜHNER!

GAGAAK!

HE, KLEINER! WER SOLL JETZT MEINE BROTE KAUFEN?

CROT?

ENTSCHULDIGE. SOLL ICH SIE DIR PUTZEN?

SCHER DICH WEG, FURIOSE!✱✱

✱ KUPFERMÜNZEN VON GERINGEM WERT
✱✱ WAHNSINNIGER

GAGAGAACK

DU, SILVANE, MEIN VATER HAT MIR EIN BISSCHEN GELD GESCHENKT, KOMM, LASS UNS ZUM TÖPFER SUCUS GEHEN...

ER HAT MIR EIN GESCHENK VERSPROCHEN, WENN ICH ETWAS BEI IHM KAUFE.

SCHÖNE TÖPFEREIEN VON SUCUS. GUT GEARBEITET, SOLIDE GEBRANNT!

KAUFT WEINKRÜGE UND BECHER, REIBSCHALEN FÜR DIE KÜCHE! SCHÖNE TONFIGÜR- CHEN!

EINE LAUTE STIMME HAT DEIN FREUND.

SALVE SUCE, DA BIN ICH ALSO.

SCHAU, PRISCA, WIE HERRLICH DIESER TOPF IST.

IST WOHL DEIN FREUND, HE? HAB MIR GLEICH GEDACHT, DASS ICH BEI DIR KEINE CHANCE HABE.

FÜR DICH KOSTET DER TOPF NUR NEUN SESTERZE.

JA, DAS IST MEIN FREUND SILVANUS. DAS IST WIRKLICH GÜNSTIG, UND DAZU KOMMT JA NOCH EIN TÖNERNES HÜNDCHEN.

DAS HAST DU NATÜRLICH NICHT VERGESSEN.

VIELEN DANK SUCUS, DIESES DA NEHME ICH. HIER IST DAS GELD.

HM

SILVANE, DU HAST MIR DEN LUCHSSTEIN GESCHENKT UND ICH GEBE DIR DIESES HÜNDCHEN.

DU BIST LIEB, PRISCA. ES GLEICHT ETWAS MEINER ... — CICHA?!?

MÜNZEN: SIEHE HINTEN IM QUELLEN-VERZEICHNIS ZU S. 38

WAF, WAF!

CICHA!!

SIE WILL, DASS WIR IHR FOLGEN.

WAS IST DENN JETZT, CICHA?

SCHÖNE FIBELN!

FIBELN!!

FIBELN, PRISCA! ICH HABE DOCH EINE FIBEL GEFUNDEN. OB SIE WOHL DEM MÖRDER GEHÖRT?

EIN BEWEISSTÜCK HAST DU DA IN DER HAND, SILVANE, BIST DU DIR DESSEN BEWUSST?

DIESE FIBEL, MEIN HERR, IST EIN BESONDERS GUTES STÜCK.

GUT, ICH NEHME SIE.

DIESE STIMME!

ES IST DER KERL VON DER BRÜCKE!!

* EINER, DER GEGEISSELT WERDEN SOLLTE.
** „GABELTRÄGER", EINER, DER GEKREUZIGT WIRD.

40

DIE VERFOLGUNG VON FUSCINUS'MÖRDER AUF DEM FORUM BLIEB ERFOLGLOS. DER KERL, VERFLUCHT SEI ER BEIM JUPITER, KONNTE UNS ALLEN ENTWISCHEN. NIE MEHR WURDE ER IN UNSERER STADT GESEHEN. DER TATVERDÄCHTIGE SKLAVE URSUS ABER WURDE VON ZWEI AMTSDIENERN AUFGEGRIFFEN UND ZU SEINEM HERRN, MEINEM VATER MARCUS AURELIUS CILTUS, GEBRACHT. IMMER NOCH KLINGEN DIE STRENGEN, ABER GERECHTEN WORTE MEINES VATERS IN MEINEN OHREN: „URSE", SAGTE ER, „KRAFT ALTEN RECHTS DER RÖMER KÖNNTE ICH ALS DEIN HERR DICH ZÜCHTIGEN UND TÖTEN, WEIL DU EIN TODESWÜRDIGES VERBRECHEN BEGANGEN HAST, DOCH DAS TUE ICH NICHT. ICH WERDE DIR ABER DAS PECULIUM, DEINEN SKLAVENLOHN, DER IN ALL DEN JAHREN ZU EINEM KLEINEN VERMÖGEN ANGEWACHSEN IST, WEGNEHMEN." NACH EINER UNS ENDLOS ERSCHEINENDEN PAUSE BEFAHL ER DEN AMTSDIENERN, URSUS MITZUNEHMEN UND IHN VOR DAS GERICHT UNSERER KOLONIE ZU BRINGEN. URSUS WURDE DARAUF UNTER TORMENTIS, DEN FOLTERUNGEN, BEFRAGT, UND ER GESTAND AUCH BALD SEINE SCHÄNDLICHE TAT. STELLT EUCH VOR, MEHRERE MONATE SCHON HÄTTE ER DIESEM FREMDEN DIEBESGUT VERKAUFT: RINGE, ARMREIFE, HALSKETTEN UND MANCHMAL AUCH KOSTBARE STATUETTEN. VOM GERICHT WURDE ER AD SAXA DAMNATUS, D.H. AUF LEBZEITEN ZUR ARBEIT IM STEINBRUCH AM RHENUS VERURTEILT. DORT MUSSTE ER, ALS MINDERWERTIGER STRAFSKLAVE, ALS SERVUS POENAE, TAGSÜBER SCHWERARBEIT LEISTEN UND DES NACHTS FUSSGELENKKETTEN TRAGEN. BEI UNS ZU HAUSE GESCHAH IN DERSELBEN NACHT, IN DER FUSCINUS ERMORDET WURDE, EIN ZWEITES UNGLÜCK: OLUS ERLAG SEINER BLUTVERGIFTUNG. ZWEI BRÜDER HATTE ICH FAST GLEICHZEITIG VERLOREN. ES BLIEB MIR NUR NOCH ALBANUS. GLÜCKLICHERWEISE WAR ER EIN AUSGEZEICHNETER METZGER, ER WÜRDE BESTIMMT EINMAL IN VATERS FUSSSTAPFEN TRETEN...

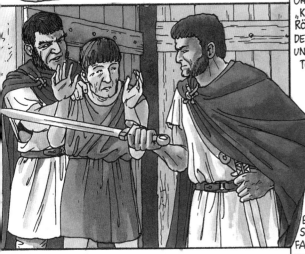

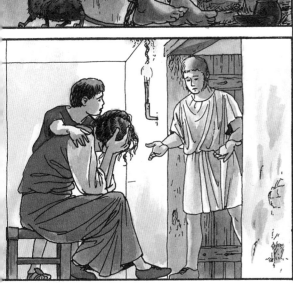

„O FUSCINUM, O OLUS, O FUSCINUM, O OLUS, O FILIOS MEOS*". RIEF MEINE MUTTER IMMER WIEDER VERZWEIFELT. OB SO VIEL SCHMERZ VERLOR SIE GÄNZLICH DIE FASSUNG, RAUFTE SICH DAS HAAR UND KRATZTE SICH DIE WANGEN BLUTIG.

AUS DER NACHBARSCHAFT TRAFEN WEITERE FRAUEN EIN, KLAGEWEIBER, DIE EINEN MONOTONEN GESANG ANSTIMMTEN UND SICH DAZU IMMER WIEDER AN DIE BRUST SCHLUGEN.

EINE DER FRAUEN NEIGTE SICH MIT ENTBLÖSTER BRUST UND AUFGELÖSTEM HAAR ÜBER FUSCINUS. SIE WAR EINST SEINE AMME.

UNSER GANZES HAUS WAR ERFÜLLT VON DEM GESANG UND DEM DUFT DES RÄUCHERWERKS, DAS VERBRANNT WURDE. NUN LEGTE MAN OLUS - SEITLICH ABGEDREHT - NEBEN FUSCINUS AUFS BETT. ER WAR WIE FUSCINUS MIT WARMEM WASSER GEWASCHEN, EINGESALBT UND ANGEKLEIDET WORDEN. SOFORT VERSTÄRKTEN DIE KLAGEWEIBER DEN GESANG - KALT LIEF ES MIR ÜBER DEN RÜCKEN.

UNTERDESSEN KÜMMERTE SICH MEIN VATER UM DAS BEGRÄBNIS. ZUERST MELDETE ER DEN BEIDEN BÜRGERMEISTERN DEN TOD SEINER SÖHNE, DANACH LIESS ER EINE BAHRE ANFERTIGEN, WORAUF MEINE BRÜDER BEIDE ZUM FRIEDHOF GETRAGEN UND AUCH GEMEINSAM VERBRANNT WERDEN SOLLTEN. ER SUCHTE EINEN PLATZ AUF DEM FRIEDHOF AUS, NAHE DER STRASSE, DAMIT DIE VORBEIREISENDEN DIE NAMEN SEINER SÖHNE AUF DEM STEIN GUT LESEN UND IHRER IN EHRFURCHT GEDENKEN KONNTEN. ER KAUFTE BEIM TÖPFER EINE URNE UND GAB DEM STEINHAUER DEN AUFTRAG, DEN GRABSTEIN NACH SEINEN VORSTELLUNGEN ZU GESTALTEN.

IN DER NACHT WAREN WIR ALLE IN DER KÜCHE UM DEN HERD VERSAMMELT, GEDACHTEN DER TOTEN, UND MEIN VATER TRAT ALLEINE INS FREIE, UM DEN TOTENGEISTERN EINE HANDVOLL GEKOCHTER BOHNEN ZUZUWERFEN.

GUTGESINNT SOLLTEN DIE MANEN MEINE BRÜDER IM TOTENREICH EMPFANGEN. AM TAG DER BEERDIGUNG VERSAMMELTE SICH VIELE MENSCHEN IN UNSEREM HAUS. UNSERE VERWANDTEN WAREN AUCH DA. AUSSER MEINEM ONKEL RICHTETE ABER NIEMAND EIN WORT AN MICH.

„MERK DIR KLEINER", SAGTE ER, „DAS GRAB IST DER ORT DES EWIGEN VERWEILENS, WO ALLES WEITERGEHT, WENN ALLES AUFGEHÖRT HAT." ICH VERSANK IN LANGES NACHDENKEN. MEIN VATER HATTE MIR DOCH ERZÄHLT, DER TOD SEI EIN NICHTS, EIN EWIGER SCHLAF...

PLÖTZLICH RISSEN MICH LAUTE TROMPETENSTÖSSE AUS MEINEN GEDANKEN. DER LEICHENZUG HATTE SICH SCHON IN BEWEGUNG GESETZT.

AN DER SPITZE DES ZUGES SPIELTEN ZWEI MUSIKANTEN, GEFOLGT VON MEHREREN KLAGEWEIBERN, WELCHE EINEN LOBGESANG AUF MEINE BRÜDER ANSTIMMTEN. HINTER

* OH,... MEINE SÖHNE

IHNEN TRUGEN VIER UNSERER VERWANDTEN DIE BAHRE AUF DEN SCHULTERN. DANEBEN SCHRITTEN WIR, VATER, MUTTER, ALBANUS UND ICH. DANACH SCHLOSSEN SICH UNSERE VERWANDTEN UND FREUNDE AN, UND ZUHINTERST FOLGTEN UNSERE NACHBARN.

LANGSAM ZOG DER LEICHENZUG DURCH DIE GANZE STADT HINAUS ZUM FRIEDHOF AUSSERHALB DER STADTMAUER.
ENDLICH HATTEN WIR DEN FRIEDHOF ERREICHT. AUF DER USTRINA, DEM VERBRENNUNGS—

PLATZ, STAND DER SCHEITERHAUFEN SCHON BEREIT, UND DIE AMPHOREN MIT WEIN UND WASSER ZUM ABLÖSCHEN DER GLUT EBENFALLS. JETZT HOBEN DIE TRÄGER DIE BAHRE AUF DEN SCHEITERHAUFEN, DIE KLAGEWEIBER UND DIE MUSIKANTEN VERSTUMMTEN. EINEN LETZTEN BLICK KONNTE ICH AUF MEINE BRÜDER WERFEN. EINIGE FRAUEN LEGTEN KUCHEN UND RÄUCHERWERK, SOWIE HÜHNER UND EIN FERKEL AUF DIE BAHRE UND AUF DEN SCHEITERHAUFEN. MEINE MUTTER GAB MEINEN BRÜDERN DEREN TUNIKEN MIT AUF DEN WEG.

NUN WAR ES SOWEIT: ZWEI MEINER VERWANDTEN ZÜNDETEN MIT ABGEWANDTEM GESICHT DEN SCHEITERHAUFEN AN. BALD SCHON ZÜNGELTEN DIE FLAMMEN UND LECKTEN AN DEN GEWÄNDERN MEINER TOTEN BRÜDER. DIE UMSTEHENDEN

STIESSEN IMMER WIEDER LAUT DIE NAMEN DER VERSTORBENEN AUS:
„OLUS ET FUSCINE VALETE. SIT VOBIS TERRA LEVIS!"–„OLUS UND FUSCINE LEBET WOHL. DIE ERDE SEI EUCH LEICHT." NACHDEM DAS FEUER NIEDERGEBRANNT WAR, LÖSCHTEN MEINE VERWANDTEN DIE GLUT MIT WASSER UND WEIN. MEIN VATER, MEINE MUTTER, ALBANUS UND ICH SUCHTEN AUS DER ASCHE DIE VERBRANNTEN KNOCHENSTÜCKCHEN MEINER BRÜDER HERAUS UND WUSCHEN SIE SORGFÄLTIG MIT DUFTENDEN ÖLEN.

AUF EINEN RÄUCHERKELCH, DEN MEIN VATER AUFGESTELLT HATTE, UND IN DEM HOLZKOHLE GLÜHTE, LEGTEN WIR KÖRNCHEN VON WEIHRAUCH.

DIESER STEIN WURDE IN DIE GEMAUERTE UMFRIEDUNG DES GRABES MEINER BRÜDER EINGELASSEN.

NUN SCHÜTTETEN WIR DIE ASCHE IN DIE TÖNERNE URNE, BEDECKTEN DIE ÖFFNUNG MIT EINEM GROSSEN KIESELSTEIN UND STELLTEN SIE SORGFÄLTIG IN DIE VORBEREITETE GRUBE. DIE TONSCHERBEN DER IM FEUER GEPLATZTEN GEFÄSSE, DIE AUF DEM SCHEITERHAUFEN GESTANDEN HATTEN, SOWIE DEN REST DER BRANDASCHE SCHÜTTETEN WIR RINGS UM DIE URNE. RASCH STELLTE ICH NOCH MEIN TÖNERNES HÜNDCHEN DAZU, DAS ICH VON PRISCA ERHALTEN HATTE. MEIN VATER FÜLLTE SCHLIESSLICH DIE GRUBE MIT ERDE. NUN OPFERTE MEIN VATER NOCH EIN KLEINES SCHWEIN,

DENN NUR SO WAR ES SICHER, DASS DAS GRAB EINE GEWEIHTE UNVERLETZLICHE STELLE SEIN WÜRDE. VOR DER HEIMKEHR IN DIE STADT HATTEN AUCH WIR UNS EINEM REINIGUNSRITUAL ZU UNTERZIEHEN. WIR MUSSTEN DURCH DIE FLAMMEN EINES KLEINEN FEUERS SCHREITEN UND WURDEN MIT WASSER BESPRENGT. DANACH GALTEN WIR WIEDER ALS REIN, DENN DIE BERÜHRUNG MIT DEN TOTEN HÄTTE UNS VERUNREINIGT. WENIGE TAGE SPÄTER VERSAMMELTEN WIR UNS ERNEUT AM GRABE MEINER BRÜDER, UM DAS FEIERLICHE LEICHENMAHL EINZUNEHMEN. ENDLICH KONNTE UNSER LEBEN WIEDER DEN GEWOHNTEN GANG NEHMEN.

OIV·AN·XII
ET·FVSCINVS·AN
XVI·CILTI·FILI
H·S·S

EIN HALBES JAHR SPÄTER:

PRISCA, MORGEN KANNST DU MIT DEINER COUSINE IN DIE FRAUEN-THERMEN BADEN GEHEN.

HERRLICH, VATER, WIR WERDEN UNS GUT UNTERHALTEN, NICHT WAHR MARULINA?

TOC TOC

ICH GEH' NACHSEHEN.

SILVANE!?

RASCH PRISCA, RASCH! DAS MUSST DU GESEHEN HABEN!

DIE RINDERHERDE AUS DEM JURA IST DA!

VATER, WIR SIND BALD ZURÜCK! KOMM, MARULINA!

DAS IST MEINE COUSINE, MARULINA.

HALLO, MARULINA, DAS IST CICHA.

OH!

AM WESTTOR:

LAUFT SCHON, IHR MISTVIECHER...

DICH SOLL DER METZGER CILTUS ZUERST DRAN-NEHMEN, BEIM JUPITER!

ICH WERD'S IHM AUS-RICHTEN.

WAS MEINT ER MIT „ZUERST DRAN-NEHMEN"?

NA, SCHLACHTEN SOLL SIE MEIN VATER, DAMIT ER SEINE BERÜHMTEN RAURIKER WÜRST-CHEN HERSTELLEN KANN.

OH, DIE ARMEN RINDER!

NUN MUSS ICH ABER DEN SCHINKEN UND DIE WÜRSTE IN DER GROSSEN DOMUS*A STADTRAND ABLIEFERN.

KOMMT IHR MIT?

∗ HAUS EINER REICHEN FAMILIE, SOG. „PALAZZO

44

NUN ENDLICH, WO HAST DU NUR SO LANGE GESTECKT?

WEISST DU, DIE RINDER..

BLOSS KEINE AUSREDEN. GIB DAS FLEISCH HER UND RICHTE DEINEM VATER AUS, DASS ICH MORGEN BEZAHLE!

DÜRFEN WIR DAS FLEISCH IN DIE KÜCHE TRAGEN? DIE MÄDCHEN HABEN NOCH NIE EIN SOLCH VORNEHMES HAUS GESEHEN.

NUN GUT, ABER LEISE! DIE HERRSCHAFTEN GEBEN EIN FESTESSEN.

PSST, GUCK MAL DORT HINÜBER.

OH, DER BODEN...

SIE LIEGEN ZUM ESSEN. GERADE NEHMEN SIE EINE DER VIELEN VORSPEISEN EIN.

WAS IST DAS FÜR EIN GERUCH UND EIN SCHMUTZ!?

WIR WOLLEN DIES HIER IN DER KÜCHE ABGEBEN.

IHR RIECHT JA WIE EINE GANZE RINDERHERDE.

NUN VERSCHWINDET!

PUH, WAR DIE WÜTEND.

MARULINA UND ICH GEHEN MORGEN INS BAD.

WIR WERDEN ES SEHR LUSTIG HABEN.

SCHADE, DASS ICH NICHT MITKOMMEN DARF.

DU KANNST DICH JA ALS MÄDCHEN VERKLEIDEN...

DU BLÖDE GANS, WAS ERLAUBST DU DIR!

VIEL SPASS BEIM BADEN, UND DENKT DARAN, FRECHE MÄDCHEN GEHÖREN FRÜH INS BETT.

GRAFFITO AN DER WAND: SIEHE HINTEN IM QUELLENVERZEICHNIS ZU S. 45.

HIER, EIN AS FÜR DEN EINTRITT.

HE, NOCHMALS SOVIEL! DAS IS DER PREIS FÜR MÄNNER...

...UND DAS SEID IHR WOHL KAUM... HÄ, HÄ, HÄ...

DA!

IM APODYTERIUM, IM AUSKLEIDERAUM.

MEINE ACHSELHÖHLEN SIND NOCH ETWAS GERÖTET VOM ENTFERNEN DER HAARE... ABER HEUTE NACHT WIRD MEIN RUFUS...

OHO, DER RUFUS.. HI..HI.

HOFFENTLICH STIEHLT MIR NICHT WIEDER JEMAND DIE TUNICA

IM TEPIDARIUM, IM LAUBAD

SALVE PRISCA...

UI, UI, AH, AU..

HERRLICH IST ES IM WASSER. GESELLT EUCH ZU UNS!

SPÄTER, WIR WOLLEN UNS ERST EINÖLEN.

UND WIE!

DIESES BADEGESCHIRR GEHÖRTE EINST MEINER MUTTER, HÜBSCH IST ES, NICHT WAHR MARULINA? ZUERST SCHABE ICH DIR MIT DER STRIGILIS DEN SCHMUTZ VOM RÜCKEN, NACHHER DARFST DU MICH QUÄLEN.....

*KÖRPERSCHABER

46

ER IST ZUERST IM WASSER?

PL ATSCH,

US MIT EUCH MÄDCHEN! AB INS CAL-
RIUM, INS HEISSWASS... ERBAD!
RT VERGEHEN EUCH ... DIE SPÄSSE.

UH, ICH BEKOMME
KEINE LUFT
MEHR...
DIESE HITZE UND
DIESER GERUCH...

TU NICHT SO, ALS OB DU AUS WACHS WÄRST.
SCHWITZEN IST GESUND! SCHLÜPF NACH-
HER NUR WIEDER IN DIE HOLZ-
SCHUHE, DER BODEN IST FEUER HEISS.

LASS UNS INS
FRIGIDARIUM,
INS KALTWASSER-
BAD, GEHEN, DA-
MIT WIR ABKÜH-
LEN UND ETWAS
ESSEN KÖNNEN.

HONIGKUCHEN
ZU VERKAUFEN!
FEINE HONIG-
KUCHEN...

ES WIRD ALLMÄHLICH ZEIT,
NACH HAUSE ZU GEHEN!

IN, BITTE PRISCA, NUR NOCH EIN
EILCHEN! ES IST SO SCHÖN HIER.

ALSO GUT, ABER NUR SO LANGE,
BIS ICH VON DER LATRINE
ZURÜCK BIN.

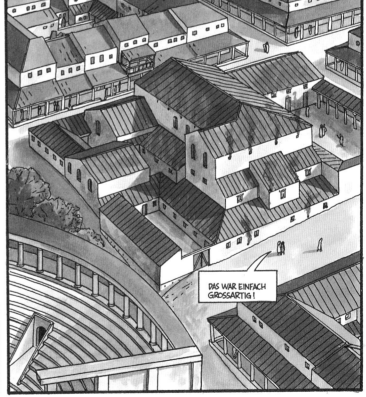

DAS WAR EINFACH
GROSSARTIG!

EIN SOMMERTAG....

KOMM JETZT, CICHA!

OH...

L·ATTI·

GEMELLÍ·II·VÍR·I·D·FLAM·AVG·N·
GLADIATÓRVM·PARIA·VIII·PVG·
AVGVSTAE·RVRACVM·XVII·XVI·KAL·SEPT

DES L.ATTIUS GEMELLUS, DES BÜRGERMEISTERS UND OBERPRIESTERS UNSERES HERRN UND KAISERS, ACHT GLADIATORENPAARE WERDEN IN AUGUSTA RURACUM AM 17. UND 16.TAG VOR DEN KALENDEN DES SEPTEMBERS✳ KÄMPFEN.

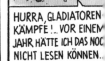

HURRA, GLADIATOREN KÄMPFE!... VOR EINEM JAHR HÄTTE ICH DAS NOCH NICHT LESEN KÖNNEN.

AUF, ZU PRISCA!

A..A.!

DAS IST JA LUCIUS ATTIUS GEMELLUS, DE BÜRGERMEISTER PERSÖNLICH. ER SCHEINT ES EILIG ZU HABEN.

WAS TRÄUMST DU SCHÖNES, SILVANE?

ÄH, PRISCA... ÄH...

... DAS TRIFFT SICH GUT, PRISCA. WIR HABEN DIE EINMALIGE GELEGENHEIT, DIE GLADIATOREN DES BEVORSTEHENDEN KAMPFES VON NAH ZU SEHEN.

DIE LUFT IST REIN, DER BÜRGERMEISTER WEG, NICHTS HINDERT UNS, IN SEIN HAUS ZU TRETEN. BEI IHM SIND SIE NÄMLICH ZU GAST.

HE...

... WIR MÜSSEN ZUM SCHREIBER DES BÜRGERMEISTERS...

... WIR SIND SEINE FREUNDE.

SILVANE...

WELCH EINE ÜBERRASCHUNG! WAS BRINGT DICH UND DEINE FREUNDIN ZU MIR?

SOSO, UNSERE GÄSTE, DIE GLADIATOREN, WOLLT IHR SEHEN? DA HABT IHR ABER GLÜCK....

... SIE TRAINIEREN IN DER SÄULENHALLE. IHR KÖNNT IHNEN EINE WEILE ZUSEHEN.

CICHA!

✳ 16. UND 17. AUGUST

GRAFFITO AN DER HAUSWAND: SIEHE HINTEN IM QUELLENVERZEICHNIS ZU S.4?

SO, LIEBE KINDER, ES IST ZEIT, EINE PAUSE EINZUSCHIEBEN. ICH BIN MÜDE.

ACH, GROSSVATER, JETZT, WO'S GERADE SO RICHTIG SPANNEND WIRD, KANNST DU DOCH NICHT AUFHÖREN.

NUN GUT, EINIGE WICHTIGE EREIGNISSE WILL ICH EUCH NOCH VERRATEN...

ES GESCHAH AN DEN IDEN DES AUGUSTUS, IM JAHR, ALS KAISER DECIUS ZUM ZWEITEN MAL KONSUL WAR.*

EIN ERDBEBEN LEGTE UNSERE STADT TEILWEISE IN TRÜMMER, ES GAB TOTE UND VIELE VERLETZTE.

AUCH CICHA, MEINE TREUE HÜNDIN, WURDE VON EINEM NIEDERSTÜRZENDEN BALKEN ERSCHLAGEN.

ZUM GLÜCK WURDEN DIE GLADIATORENSPIELE NICHT ABGESAGT, SONDERN LEDIGLICH UM EIN PAAR WOCHEN VERSCHOBEN.

VON NUN AN HIELT ICH MICH IMMER HÄUFIGER IM HAUSE VON AULUS LICINIUS CRESCENS AUF...

IM JAHR DARAUF TRATEN PRISCA UND ICH UNSERE ERSTE GROSSE REISE AN. WIR MUSSTEN IN AVENTICUM EINE KOSTBARE BRONZESTATUE ABLIEFERN.

DIE REISE WAR LANG UND ABENTEUERLICH, UND WIR HATTEN GENÜGEND ZEIT, UNS ÜBER BEIDE OHREN INEINANDER ZU VERLIEBEN.

EINIGE JAHRE SPÄTER VERSETZTE DIE NACHRICHT, DASS DIE ALAMANNEN STELLENWEISE DEN LIMES DURCHBROCHEN HÄTTEN, DIE EINWOHNER VON RAURICA IN ANGST UND SCHRECKEN.

IM JAHR 274 KAM ES ZU SCHRECKLICHEN KÄMPFEN IN AUGUSTA RAURICA UND ZUR ZERSTÖRUNG DER GANZEN STADT. DAMALS KAM AUCH MEINE GELIEBTE PRISCA UMS LEBEN.

SEIT EINEM JAHR NUN LEBE ICH HINTER DEN HOHEN MAUERN DES KASTELLS AM RHENUS.

SPÄTER ERFAHRT IHR ALLE EINZELHEITEN. WOLLT IHR DANN WIEDER ZUHÖREN?

* 13. AUGUST 250 n. Chr.

Comic-Geschichte und historischer «Zeitplan»: die Jahreszahlen

Erster Comic-Band:

Vorschau
Zweiter Comic-Band:

Quellen

Vorbemerkungen

Die Quellennachweise zu den Einzelfunden erfolgen vom oberen Teil der Bildseiten nach unten. Die Bildnachweise finden sich dort, wo die Objekte bzw. archäologischen Befunde zum ersten Mal abgebildet sind.

Allgemeines

Zur römischen Tracht: V. Müller-Vogel, Römische Kleider zum Selbernähen. Baselbieter Heimatbuch 15 (Liestal 1986), 71ff. (= Augster Blätter zur Römerzeit 5 [Augst 1986]); G. Roche-Bernard/A. Ferdière, Costumes et Textiles en Gaule Romaine. Collection Hesperides (Paris 1993) 7ff.

Schuhe: J. Göpfrich (mit Beiträgen von G. Rupprecht und D. Baatz), Römische Lederfunde aus Mainz (Mainz 1991) sowie nach Rekonstruktionen im Römerhaus Augst: R. Laur-Belart, Verwaltungsbericht für das Jahr 1965. Römerhaus und Museum Augst. Jahresbericht 1965, 30ff. Abb. 21–25 und Laur-Belart 1966, Abb. 19.

Frisuren: nach römischen Skulpturen und Münzportraits: K. Fittschen, P. Zanker, Katalog der römischen Portraits in den Capitolinischen Museen und den anderen kommunalen Sammlungen der Stadt Rom. 1. Kaiser- und Prinzenbildnisse. Beiträge zur Erschliessung hellenistischer uund kaiserzeitlicher Skulptur und Architektur 3 (Mainz 1985); H. Jucker, D. Willers (Hrsg.), Gesichter. Griechische und römische Bildnisse aus Schweizer Besitz (Bern 1982); M. Bergmann, Studien zum römischen Portrait des 3. Jahrhunderts n.Chr. Antiquitas Reihe 3, Band 18 (Bonn 1977); J.P.C. Kent, B. Overbeck, A.U. Stylow, Die römische Münze (München 1973).

Handwerker: A. Burford, Künstler und Handwerker in Griechenland und Rom, Band 24 (Mainz 1985); H. Blümner, Technologie und Terminologie der Gewerbe und Künste bei Griechen und Römern, Band 1–4 (Leipzig/Berlin 1912[2], Nachdruck Hildesheim 1969).

Architektur (Säulen, Mauern, Dachformen, Strassenportiken usw.): Adam 1989; Martin-Kilcher 1983, Abb. S. 38/39; 42/43 und 53; Conolly 1979.

Wandmalereien: W. Drack, Die römische Wandmalerei der Schweiz. Monographien zur Ur- und Frühgeschichte der Schweiz 8 (Basel 1950); W. Drack et al., Römische Wandmalerei aus der Schweiz (Feldmeilen 1986); Kraus/von Matt 1973; B. Kapossy, Römische Wandmalereien aus Münsingen und Hölstein. Acta Bernensia 4 (Bern 1966) sowie in Anlehnung an Originalfunde aus Augst (Römermuseum Augst; nach H.P. Otten, unpubliziert).

Schrift (Stein- und Bronzeinschriften, Ritzinschriften «graffiti»): Schwarz 1988; Furger 1989, 32ff.; Walser 1967; Walser 1979/80; G. Walser, Römische Inschrift-Kunst. Römische Inschriften für den akademischen Unterricht und als Einführung in die lateinische Epigraphik. Ausgewählt, photographiert und erläutert von G. Walser (Wiesbaden 1988); L. Bakker, B. Galsterer-Kröll, Graffiti auf römischer Keramik im Rheinischen Landesmuseum Bonn. Epigraphische Studien 10 (Köln/Bonn 1975); Otten 1990.

Stadt- und Überlandstrassen: Walser 1967; Römerwege. Voies romaines. Revue Schweiz Suisse Svizzera Switzerland 3/1992 (Westroute) und 6/1992 (Ostroute); R. Hänggi, Zur Baustruktur der Strassen von Augusta Rauricorum. Mit einem Exkurs zu den Latrinen. JbAK 10 (Augst 1989), 73ff.; E. Schmid, Über gerundete Knochenbruchstücke aus dem römischen Strassenkies von Augusta Raurica. In: Festschrift Alfred Bühler. Basler Beiträge zur Geographie und Ethnologie. Ethnologische Reihe 2 (Basel 1965) 333ff.

Namen

Allgemein vgl.: W. Schulze, Zur Geschichte lateinischer Eigennamen (Berlin 1933); L. Bakker, B. Galsterer-Kröll, Graffiti auf römischer Keramik im Rheinischen Landesmuseum Bonn. Epigraphische Studien 10 (Köln/Bonn 1975) 30ff.; Howald/Meyer 1940 (Register); Walser 1979/80 (Register).

Prisca (Anredefall: *Prisca*), die Hauptdarstellerin, nach dem auf dem Grabstein der Prisca Iulia aus Augst überlieferten, jedoch in römischer Zeit seltenen Namen: Riha 1987, 91f. Abb. 31.

Aulus Licinius Crescens (Anredefall: *Aule Licini Crescens*), Vater der Prisca. Willkürlich zusammengesetzt; Crescens bzw. Cresces ist ein häufiger Name (ein Cresces war ein bekannter Fabrikant von Tonlampen).

Tiberius Ingenuius (der «Freigeborene») *Satto* (Anredefall: *Tiberi Ingenui Satto*), der Medicus (Arzt) und Freund von Priscas Vater. Grabinschrift von Basel: Walser 1979/80, II. Teil, Nr. 212.

Marulina (Anredefall: *Marulina*), Priscas Cousine. Grabinschrift aus Augst: Walser 1979/80, II.Teil, Nr. 213.

Gaius (Anredefall: *Gai*), Sklave des Medicus. Häufiger Name.

Pollux (Anredefall: *Pollux*), das Pferd des Medicus; mythologischer Name: Junkelmann 1990, 61.

Cicha (Anredefall: *Cicha*), die Hündin. Altes keltisches Wort für Hund. Nach einer Mosaikinschrift aus Oberweningen

(ZH): CIXA VICIT («Cixa [sprich Kicha] hat gesiegt»): V. von Gonzenbach, Die römischen Mosaiken der Schweiz. Monographien zur Ur- und Frühgeschichte der Schweiz 13 (Basel 1961) 167f., Taf. 18; R. Fellmann, La Suisse gallo-romaine. Cinq siècles d'histoire (Lausanne 1992) 175 Abb. 132.

Silvanus (Anredefall: *Silvane*), der Hauptdarsteller. Häufiger Name (*silva* = «Wald»; Silvanus war auch der Waldgott).

Valeria Augustilla (Anredefall: *Valeria Augustilla*), Silvanus' Mutter. Augustilla nach einer Widmung bzw. eingeritzten Inschrift in einem silbernen Fingerring: s. Kommentar zu Seite 9.

Marcus Aurelius Ciltus (Anredefall: *Marce Aureli Cilte*), Silvanus' Vater. Unsere moderne Kombination häufig vorkommender Namen. Ciltus verrät noch die keltische Abstammung, vgl. z.B. Walser 1979/80, II. Teil, Nr. 200.

Olus und *Fuscinus* (Anredefall: *Olus* und *Fuscine*), Silvanus' Brüder. Nach einem Grabstein für die gemeinsam verstorbenen Brüder Olus und Fuscinus aus Augst: s. Kommentar zu Seite 43.

Albanus (Anredefall: *Albane*), Silvanus' dritter Bruder. Häufiger Name, z.B. als Besitzermarke eingeritzt auf einem Saucenschälchen aus Terra Sigillata aus Augst (Inv.-Nr. 1907.2195): Furger 1989, 21.

Lucina (Anredefall: *Lucina*), Hebamme bei Silvanus' Geburt, eigentlich der Name der römischen Geburtsgöttin. Verbreiteter Name, belegt z.B. in der Gegend von Nyon.

Phyllis (Anredefall: *Phyllis*), Sklavin im Elternhause des Silvanus. Verbreiteter griechischer Name.

Secundina (Anredefall: *Secundina*), eine Sklavin im Elternhaus des Silvanus. Häufiger Name.

Sabinus (Anredefall: *Sabine*), Sklave im Elternhause des Silvanus. Nach einem Grabstein eines Sabinus aus Augst: Walser 1979/80, II. Teil, Nr. 224.

Ursus (der «Bär»; Anredefall: *Urse*), untreuer Sklave im Elternhause des Silvanus. Verbreiteter Name.

Sucus (Anredefall: *Suce*), der Töpfer: s. Kommentar zu Seite 38.

Tato (Anredefall: *Tato*). Seltener, keltischer Name (z.B. in Lausanne bezeugt).

Octavia (Anredefall: *Octavia*), die Bäckersfrau aus einer Taberne. Häufiger Name.

Primus (Anredefall: *Prime*), ein Freund Silvanus' und Sohn der Octavia: Als Besitzermarke eingeritzt auf die Unterseite eines Saucenschälchens aus Terra Sigillata aus Augst (Inv.-Nr. 1964.2386).

Lucius Attius Gemellus (Anredefall: *Luci Atti Gemelle*), einer der beiden damaligen Duumvirn (Bürgermeister) von Augusta Raurica: nach einer Ehreninschrift, die den Priester und Duumvir (...) Attius(?) Gemellus nennt, gefunden 1671 in der Nähe des Theaters. Martin 1987, 7f. Abb. 2; Drack/Fellmann 1988, 600 Anm. 2; Laur-Belart/Berger 1988, 23.

Taurus (der «Stier»; Anredefall: *Taure*), ein gefeierter Gladiator. Nach einer Ritzinschrift zu zwei gemalten Gladiatoren beidseits einer Mauernische in Augst, Insula 9: TAVRVS CLAM(a)TVS = etwa «Taurus, der Bejubelte»: unpubliziert (Archiv Ausgrabungen Augst/Kaiseraugst, 1966.52, Details 15a-c).

Seite 7

Zinnen der Kastellmauer von Kaiseraugst nach Rekonstruktion von R. Moosbrugger, Zeichnung E. Offermann: Kaufmann-Heinimann/Furger 1984, Abb. 7.

Fenstergitter in Anlehnung an Rekonstruktionen in Xanten (D), Kempten (D) und im Augster Römerhaus (nach div. Originalfunden aus Augst usw.): A. Mutz, Römische Fenstergitter. Jahrbuch der Schweizerischen Gesellschaft für Urgeschichte 48, 1960/61, 107ff.

Korbsessel nach Kalksteinrelief aus einer Grabkammer in Köln-Weiden (D): H.G. Horn (Hrsg.), Die Römer in Nordrhein-Westfalen (Stuttgart 1987) Abb. 434.

Krug mit Trinkbecher nach Originalen aus dem Gräberfeld Kaiseraugst-Stalden, Grab 551: Martin 1976, Taf. 37,D2 und Grab 5: Laur-Belart 1947, Abb. 6,10.

Seite 8

Torbeschläge nach Originalen aus Winkel, Seeb (Kt. Zürich): O. Germann, Römische Scheunentorbeschläge. Ur-Schweiz 20, 1956, 23ff. Abb.19-21.

Gebärstuhl nach einem Terrakottarelief aus Ostia (I): R. Jackson, Doctors and Diseases in the Roman Empire. British Museum Publications (London 1988) 99 Abb.24; Allason-Jones 1989, 28ff. Abb. 9; Heinz 1993, Abb. 32; Coulon 1994, 28f.

Bett in Anlehnung an ein Grabrelief des späten 2. Jahrhunderts: G. de la Bédoyère, The Finds of Roman Britain (London 1989) 107 Abb.63,c.

Seite 9

Fingerring der Augustilla Originalfund aus Augst: Martin 1987, 32 Abb. 22; Riha 1990, 31f. Taf. 2,22; 90.

Zahnanhänger Originaler Hundeeckzahn aus Augst: Riha 1990, 74 Taf. 31,731.

Hänge-Oellämpchen aus Bronze Originalfund aus Augst, Insula 34: Furger 1989, 62 Nr. 4.

Schüssel Originalfund aus Augst, Insula 41: Martin-Kilcher 1987/1994, 44 Abb. 19,7.

Seite 10

Wickelkind mit Hündchen in Anlehnung an eine Ex-voto-Steinskulptur aus Gallien (F) und weitere Bildnisse mit Wickelkindern: E. Planson, C. Pommeret, Les Bolards. Le site gallo-romain et le musée de Nuits-Saint-Georges (Côte-d'Or). Guides archéologiques de la France (1986) Abb. 21; Chr. Landes (Hrsg.), Catalogue de l'exposition: Dieux guérisseurs en Gaule romaine (Lattes 1992) 238 Nrn. 57–62; Allason-Jones 1989, 28ff. Abb. 10; Coulon 1994, 47.

Räucherkelch nach Originalen aus Augst und Trier (D): E. Gose, Gefässtypen der römischen Keramik im Rheinland. Bonner Jahrbücher, Beiheft 1 (Kevelaer 1950) Taf. 42,443.

Schlangenbild nach einer Wandmalerei aus Pompeji (I): Fröhlich 1991, Taf. 12,2.

Merkur- und Larenstatuette im Hausaltar nach Originalen aus Augst: Kaufmann-Heinimann 1977, Taf. 23–25 Nr. 32 und Taf. 52–54 Nr. 52.

Seite 11

Metzgerei nach einem Relief aus Rom (I), Trastevere: M. Baltzer, Die Alltagsdarstellungen der treverischen Grabdenkmäler. Trierer Zeitschrift 46, 1983, 97f. Abb. 57.

Waage nach Originalen aus Augst: Mutz 1983.

Herdkette nach Originalfunden aus Augst und anderswo: Laur-Belart 1966, 30 mit Abb. 18; Chr. Farka, S. Kladink, O. Kladink, in: Fundberichte Römische Kaiserzeit. Fundberichte aus Österreich 28, 1989, 212 Abb. 683; Manning 1989, 101f. bes. Abb. 271.

Seite 12

Türsturz nach zahlreichen Beispielen, z.B. aus Pompeji (I) oder Ostia (I): Adam 1989, Abb. 344 und 412.

Spielschwerter aus Holz nach einem Originalfund aus Oberaden (D): S. von Schnurbein, Eine hölzerne Sica aus dem Römerlager Oberaden. Germania 57, 1979, 177ff.

Seite 13

Maulesel und Ochse mit Wagen in Anlehnung an Grabreliefs aus Metz (F) und Trier (D): Cüppers 1987, 119 Abb. 59 und 121 Abb. 61; allgemein: Garbsch 1986.

Seite 14

Tranchier- und Metzgermesser nach Originalfunden im Römermuseum Augst: Furger 1985, Abb. 7,3.4; Tomasevic-Buck 1980, Abb. 6,2.3.

Reibschüssel nach zahlreichen Originalfunden aus Augusta Raurica: z.B. Furger 1989, 263 Abb. 78,2.3; 79,4.5; 83,20.

Korb nach Rekonstruktionen antiker Korbformen: W. Gaitzsch, Antike Korb und Seilerwaren. Schriften des Limesmuseums (Aalen 1986) 48ff.

Seite 15

Brot Rekonstruktion nach Originalfunden aus Pompeji (I): M. Währen, Römisches Brot. Ur-Schweiz 20, 1956, 19ff.; Hürbin 1994, Abb. 8.

Graffito an der Wand in der Bäckerei: (GENIAL)IS IN PISTRINA S(E) GRAVAT = «Genialis betrinkt sich in der Backstube», nach einem Wandverputzfragment von der Insula 29 in Augst: Römermuseum Augst, Inv.-Nr. 1969.16742; Otten 1990, 139 Anm. 12.

Seite 16

Brücke in Anlehnung an die römischen Brücken in Vaison-la-Romaine (F): W. Heinz, Strassen und Brücken im römischen Reich. Antike Welt. Zeitschrift für Archäologie und Kulturgeschichte, Sondernummer 1988, Abb. 55; Rimini, Rom und Quintodecimo (I): C. O'Connor, Roman Bridges (Cambridge 1993) Abb. 18; 45; 46. – Vgl. auch M. Schaub, Die Brücke über den Violenbach beim Osttor von Augusta Rauricorum (Grabung 1969.52). JbAK 14, 1993, 135ff.

Flussschiffe nach Originalfunden aus Yverdon (VD) und Bevaix (NE) am Neuenburger See: G. Kaenel, Les barques gallo-romaines d'Yverdon-les-Bains. In: Ph. Curdy, G. Kaenel, M.-J. Roulière-Lambert (Hrsg.), Les Celtes dans le Jura. L'âge du Fer dans le massif jurassien (800-15 av. J.-C.) (Yverdon 1991) 125ff. bes. Abb. 170; B. Arnold, Batellerie gallo-romaine sur le lac de Neuchâtel. Archéologie Neuchâteloise 12 und 13 (Saint-Blaise 1992) bes. Band 2 Abb. S. 37.

Seite 18

Nussspiel nach A. Rieche, Römische Kinder- und Gesellschaftsspiele. Schriften des Limesmuseums Aalen 34 (Aalen 1984) 10ff. und Martin-Kilcher/Zaugg 1983, 110; Coulon 1994, 77f.

Seite 19

Versteinerung (*lyncurium* = Luchsstein, Belemnit) nach römerzeitlich als «Souvenirs» aufgelesenen Stücken aus Augusta Raurica: O. Abel, Albschosssteine und Luchssteine. Vorzeitliche Tierreste im deutschen Mythus (Jena 1939) 81ff.; Chr. Rätsch, A. Guhr, Lexikon der Zaubersteine aus ethnologischer Sicht (Graz 1989) 109f.; E. Schmid, Ein Mammutzahn und ein Jurafossil aus Augusta Raurica. Baselbieter Heimatbuch 11 (Liestal 1969) 100ff.; A.R. Furger, Was ist mit dieser Muschel los? Römerbuben als begeisterte Sammler. In: Helveticus N.F. 3 (Solothurn 1983) 180ff.

Seite 20

Wandknickschüssel nach Originalfunden aus Augusta Raurica: W.C. Alexander, A. Pottery of the Middle Roman Imperial Period in Augst. Forschungen in Augst 2 (Augst 1975) Taf. 7,18E.

Scheibenfibel nach einem Original aus Augst, Insula 24: Riha 1979, 186f. Taf. 61,1607.

Seite 21

Ruhender Hund nach einem bronzenen Schlüsselgriff aus Augst: Kaufmann-Heinimann 1977, 135 Taf. 145,227; Schibler/Schmid 1989, Abb. 28; Furger et al. 1992, Abb. S. 42.

Graffito an der Hauswand AMO TE SVCVR(r)E = «ich liebe Dich, komm und hilf». Solche persönlichen Nachrichten finden sich normalerweise in Kleininschriften auf Schmuckgeschenken, so auch diese Inschrift, die eingepunzt auf einer kleinen, verzinnten Bronzefibel aus Augst steht (Inv.-Nr. 1924.546): G.E. Thüry, «Amo te sucure». Bemerkungen zu einer Augster Fibelinschrift. JbAK 1, 1980, 97f.

Graffito PRIMVS CVM SILVINA = «Primus mit Silvina». Die beiden Namen sind für Bewohner von Augusta Raurica bezeugt (eingeritzte Besitzerinschriften auf Terra sigillata-Gefässen, Inv.-Nr. 1963.5913 und 1964.2386); die «geschwätzige» Redewendung findet sich – allerdings mit anderen Namen – auf einem Graffito aus Pompeji (I): Krenkel 1963, 41.

Seite 22

Meilenstein Gesamterscheinung und Schriftbild nach einem ganz erhaltenen Original aus Dully bei Nyon (VD); Inschrift mit Distanzangabe A(ugusta) R(aurica) I (Meile) in Anlehnung an das Fragment von Mumpf (AG): Walser 1967, 65 Nr.29 und 92 Nr. 47. – Die Inschrift ist – wie üblich – stark abgekürzt. Ihr vollständiger Wortlaut:

IMP(eratori) · CAES(ari)
T(ito) · AEL(io) · HADR(iano) · ANTON
INO · AVG(usto) · PIO · P(ontifici) · M(aximo) · CO(n)S(uli) ·
II · DESIGN(ato) · III · P(atri) · P(atriae)
A(ugusta) · R(aurica) · I · (mille passus)

Seite 23

Kornmühle nach der Rekonstruktion in der Augster Brotback- stube: Hürbin 1994, Abb. 17.

Kochstelle in Anlehnung an ein im Augster Römerhaus wieder- aufgebautes Original: R. Laur-Belart, [Gründung und Betrieb des Römermuseums] Die Neueingänge des Jahres 1962. Römerhaus und Museum Augst. Jahresbericht 1962, 3ff. Abb. 11.

Eisenpfanne und Kochtopf nach Originalen aus Augusta Rauri- ca: Furger 1985, Abb. 6 und 18.

Schweinekopf nach einer Wandmalerei aus Pompeji (I), Casa del Maiale: Fröhlich 1991, Taf. 13,1; A. Gerhartl-Witteveen, A. Koster, Duur en Duurzaam. Römische Bronzegefässe aus der geldrischen Flusslandschaft (Gelderland 1992) Abb. S. 26.

Seite 25

Allgemeines zur Medizin: H. Matthäus, Der Arzt in römischer Zeit. 1: Literarische Nachrichten – archäologische Denk- mäler. Schriften des Limesmuseums Aalen 39 (Stuttgart 1987); H. Matthäus, Der Arzt in römischer Zeit. 2: Medi- zinische Instrumente und Arzneien. Archäologische Hinter- lassenschaften in Siedlungen und Gräbern. Schriften des Limesmuseums Aalen 43 (Stuttgart 1987); R. Jackson, Doc- tors and Diseases in the Roman Empire (London 1988); A. Krug, Heilkunst und Heilkult. Medizin in der Antike (München 1985); Heinz/Riha 1993.

Bronzelaterne nach einem Original aus dem Versteckfund eines römischen Arztes in Kaiseraugst: Riha 1986, 95 Abb. 33; Furger 1989, 62 Abb. Nr. 8.

Arztschrank und -utensilien nach Originalen verschiedener Fundorte und einer Reliefdarstellung auf einem Sarkophag aus Ostia (I): Heinz 1993, 25ff. bes. Abb. 23; Krug 1985, bes. Abb. 12.

Truhe nach einem rekonstruierten Fund aus Eckartsbrunn (D): M. Kemkes, Bronzene Truhenbeschläge aus der römischen Villa von Eckartsbrunn, Gde. Eigeltingen, Lkr. Konstanz. Fundberichte aus Baden-Württemberg 16, 1991, 299ff. Abb. 39.

Dreibein-Klappgestell mit Räucherbecken nach einem Ori- ginalfund aus Augst: Kaufmann-Heinimann 1977, 120f. Taf. 119-123 Kat.-Nr. 189; Martin 1987, 21 Abb. 14-16.

Asklepiosstab nach einer Wandmalerei aus Pompeji (I), Casa del Maiale: Fröhlich 1991, Taf. 13,1.

Seite 26

Selbstkocher bzw. Samowar (Authepsa) nach einem Original aus dem Versteckfund eines römischen Arztes in Kaiser- augst: Furger 1985, Umschlagbild.

Medikamentenkästchen nach Originalfunden aus Wehringen und Xanten (D): Heinz 1993, 55f. Abb. 69; Krug 1985, 79 Abb. 20.

Wagen und Pferdegeschirr nach einem Relief am berühmten Grabmonument («Igeler Säule») aus Igel (D): P. La Baume, Die Römer am Rhein. Sammlung Rheinisches Land 4 (Bonn 1973) Abb. 13/14; J. Mersch, La Colonne d'Igel. Das Denkmal von Igel. Historisch-ikonographische Studie (Luxembourg 1985) sowie in Anlehnung an verschiedene Originalfunde mit Darstellungen von Pferdegespannen: Junkelmann 1990, 64ff. Abb. 59; 63; 69; 74; Lefèbvre 1990, 70ff. Kat.-Nr. 47; 49; 51; 55.

Seite 27

Skalpell nach Orginalfunden aus Augusta Raurica und aus dem Arztgrab von Bingen (D): Riha 1986, 81f. Abb. 26 Taf. 56,619 bis 57,631; Heinz 1993, 45 Abb. 33,1–5; 47.

Reibstab aus Glas im Töpfchen nach einem Originalfund aus Augst: Riha 1986, 41ff. Taf. 14,120; 67,120.

Seite 28

Schreibtäfelchen aus Holz mit Schreibgriffel (stilus) aus Eisen nach Originalfunden aus Vindonissa (AG) und Augusta Raurica: H.R. Wiedemer, Römische Schriftdenkmäler aus Vindonissa (Brugg 1967); Martin-Kilcher 1983, 107.

Geflügeltes Wort «homo homini lupus» von Plautus (Asin. 495) nach Lexikon der Alten Welt (Zürich/Stuttgart 1965[1], Zürich/München 1990[2]) 3430.

Türschloss in Anlehnung an originale Riegelschlösser aus Augusta Raurica, von der Saalburg (D) und anderswo: Jaco- bi 1897, Abb. 73–76 Taf. 44-45.

Amboss nach einem 35,7 kg schweren Original aus Augst: Mutz 1976, 24f. Abb. 20.

Schmelzgrube nach einem Originalfund aus Augst, Insula 31: R. Laur-Belart, Auf den Spuren der römischen Bronzegies- ser von Augusta Raurica. Sondernummer der Metallwerke AG Dornach (Oktober 1970) 25; Martin 1978, Abb. 1 und 20.

Werkzeuge und Gussform: nach Originalfunden aus Augusta Raurica: Mutz 1976, Abb. 20-23; Martin 1978, Abb. 15 und 19; R. Steiger, Gussform für einen Löffel. Römerhaus und Museum Augst. Jahresbericht 1967, 38ff.

Blasebalg nach Originalen verschiedener Fundorte und antiken Abbildungen: Weisgerber/Roden 1985, Abb. 1; 2; 9; 21 und 24.

Römische Schnellwaage nach einem Originalfund aus Oster- burken (D): Mutz 1983, 17f. Abb. 9.

Bronzestatuette des Vulcanus (Schmiedegott) nach einer origi- nalen Statuette aus Augst, Insula 31, Haus 4 (Bronzegiesse- rei!): Kaufmann-Heinimann 1977, 48 Taf. 44,43.

Seite 30

Rollenkappenfibel nach einem Original aus Hohenwutzen, Kreis Bad Freienwalde (D): A. Leube, Die römische Kaiserzeit im Oder-Spree-Gebiet. Veröffentlichungen des Museums für Ur- und Frühgeschichte Potsdam 9 (Berlin 1975) 76 Taf. 7,2.

Seite 31

Wagenbeschläge (Kipfen) mit Bronzeköpfchen in Anlehnung an Originalfunde aus Kiefersfelden, Nordheim und Mainz (D): Garbsch 1986, 59ff. Kat.-Nr. 42–43; Ch.W. Röring, Untersuchungen zu römischen Reisewagen (Koblenz 1983) Taf. 5,1.

Seite 33

Taberne mit Thermopolium (für warme Getränke), Amphorengestell, steiler Treppe und Holzgeländer nach Befunden aus Herculaneum (I): Andreae 1973, Abb. S. 8; Adam 1989, Abb. 480-482; Conolly 1979, 56f.

Schöpfkelle (simpulum) aus Bronze nach W. Hilgers, Lateinische Gefässnamen. Bezeichnungen, Funktion und Form römischer Gefässe nach den antiken Schriftquellen. Beihefte Bonner Jahrbücher 31 (Düsseldorf 1969) 56f. und 279f.; A. Dosi, F. Schnell, Pasti e vasellame da tavola. Vita e costumi dei Romani antichi 2 (Rom 1986) Abb. S. 82.

Bacchus-Büste am Dreibein-Klappgestell mit Räucherbecken nach einem Originalfund aus Augst: Kaufmann-Heinimann 1977, 120f. Taf. 121,189 (siehe auch S. 25).

Graffito an der Laubenwand im Obergeschoss: TECVM IN MAN(sione) = «mit Dir in die Herberge (ins Bordell)», nach einem Wandverputzbruchstück aus Augst, Insula 29: Römermuseum Augst, Inv.-Nr. 1965.11188, unpubliziert).

Graffito über der Treppe: TITANVS = «Titanus (war hier)», nach einem Wandverputzfragment aus Augst-Kastelen, Insula 7: Römermuseum Augst (1932, ohne Inv.-Nr.) Otten 1990, Abb. 1; Furger 1989, 21.

Den *Graffiti «Camilla», «Primus», «Secundus» und «Secorinius»* liegen antike Namen zugrunde. Zu den Augster Graffito-Funden Seco(ri)nius und Primus vgl. Furger 1989, 21.

Figürliche Wandmalereien nach Originalen aus Pompeji (I) und Herculaneum (I): Andreae 1973, 80 Kat.-Nr. 266; Kraus/von Matt 1973, Abb. 223; 275; 276.

Seite 34

Kienspanhalter aus Augst: Furger 1989, Abb. S. 62 (Nr. 6); Steiger et al. 1977, 224f. Abb. 97,17.29.

Graffito an der Wand hinter dem Bett MI(n)XIMVS IN LECTO FATEOR PECCAVIMVS HOSPES / SI DICES QVARE NVLLA MATELLA FVIT = «Pinkelten wir auch ins Bett – ich geb' zu, das war schlecht, mein Herr Gastwirt; fragtest Du aber ‹warum›; Nachttopf war keiner zur Hand.» (Wandinschrift aus Pompeji, I): Krenkel 1963, 72.

Figürliche Wandmalereien nach Originalen aus Pompeji (I) und Herculaneum (I): Kraus/von Matt 1973, Abb. 226; 275.

Seite 35

Fussgängersteine zum Überqueren der Strasse nach einem (seltenen!) Befund in Augusta Raurica: Laur-Belart/Berger 1988, Abb. 162 (viel häufiger in Pompeji, I: vgl. z.B. Kraus/von Matt 1973, Abb. 71-72).

Seite 36

Kleidung des Offiziers nach einem Grabrelief aus Rom (I) sowie nach verschiedenen Ausrüstungsgegenständen und Rekonstruktionen: Bishop/Coulston 1993, Abb. 85,2; 92,9; 116; Junkelmann 1986, Taf. 40; G. Süsskind, A. Wigg (Red.), Der römische Limes in Deutschland (Stuttgart 1992) Abb. 26.

Radnabe nach Garbsch 1986, 34ff. Abb. 13-17.

Hauptforum mit Basilica nach den Befunden in Augst: Laur-Belart/Berger 1988, 44ff. Abb. 34–36; Trunk 1991, 154ff. Abb. 94.

Statuenaufstellung auf dem Forum nach Befunden in nordafrikanischen Städten: G. Zimmer, Locus datus decreto decurionum. Zur Statuenaufstellung zweier Forumsanlagen im römischen Afrika. Bayerische Akademie der Wissenschaften, Philosophisch-historische Klasse, Abhandlungen neue Folge 102. Veröffentlichungen der Kommission zur Erforschung des antiken Städtewesens (München 1989) Abb. 1 und 14-15.

Marktszene nach Wandmalereien im Haus der Iulia Felix in Pompeji (I): nach einem Stich des 18. Jahrhunderts, reproduziert in: U. Heimberg, A. Rieche, Colonia Ulpia Traiana. Die römische Stadt. Planung Architektur Ausgrabung (Köln 1986) Abb. 78, sowie nach einer Rekonstrution von D. Macaulay, Eine Stadt wie Rom. Planen und Bauen in der römischen Zeit (München 1975[1], Taschenbuchausgabe Zürich 1978[1] 1983[5]).

Seite 37

Hecht nach einem (selten erhaltenen!) römischen Knochenfund aus Kaiseraugst: Römermuseum Augst Inv.-Nr. 1968.1674; J. Desse, Identification de pièces rachidiennes de poissons du site romain de Augst et Kaiseraugst (Bâle-Campagne et Argovie, Suisse). JbAK 6, 1986, 145f. Abb. 1.

Eier nach originalen Eierschalenfunden aus Augst: Bruchstück an einem bronzenen Eierlöffel (E. Riha, W.B. Stern [mit Beiträgen von M. Martin und Ph. Morel], Die römischen Löffel aus Augst und Kaiseraugst. Archäologische und metallanalytische Untersuchungen. Forschungen in Augst 5 [Augst 1982] 10f. Abb. 2) und Splitter aus dem Lehmboden einer Küche in Insula 30 (Schibler/Schmid 1989, 37).

Gänse und vor allem *Hühner* waren häufig geschlachtete Nutztiere; ihre Knochen finden sich entsprechend zahlreich in wohlhabenderen Häusern: Schibler/Furger 1988, 26f. Abb. 24–26; Schibler/Schmid 1989, 6 und 39.

Weinamphoren nach zwei Originalfunden aus Kaiseraugst-Schmidmatt: Furger 1989, Abb. 84 und 88; Martin Kilcher 1987/1994, 358ff. Taf. 137–166.

Glasgefässe nach Originalfunden aus Augst und Kaiseraugst: Rütti 1991.

Seite 38

Reiterstatue nach Originalfunden und verschiedenen Rekonstruktionen, z.B. aus Miseno (I), sowie in Anlehnung an die beiden lebensgrossen Bronze-Reiterstatuen aus Augst, Insula 28: G. Macchiaroli (Hrsg.), Domiziano/Nerva. La statua equestre. Una proposta di ricomposizione. Soprintendenza archeologica per le province di Napoli e Caserta (Napoli 1987) Abb. 42 und 48–49 Taf. 1-7; J. Bergemann, Römische Reiterstatuen. Ehrendenkmäler im öffentlichen Bereich. Beiträge zur Erschliessung hellenistischer und kaiserzeitlicher Skulptur (Mainz 1990) Taf. 1a; 3b; 5a; 12a; 56; 60; B. Janietz Schwarz, D. Rouiller et al., Rekonstruktion und Gusstechnik der beiden Pferde aus dem Bronzeschrottfund in der Insula 28 in Augusta Raurica (Arbeitstitel). Forschungen in Augst (in Vorbereitung).

Topf mit Graffito SVCVS nach Originalfunden aus Augusta Raurica: Furger 1989, 225 Abb. 21; 78,1 sowie 264 (mit weiteren Belegen). Sucus ist wahrscheinlich der Name eines einst in Augusta Raurica tätigen Töpfers. Er hat seinen Namen allerdings bereits *vor* dem Brand in die noch weichen Tongefässe eingeritzt.

Terracotta-Hündchen nach mehreren fragmentarischen Originalfunden aus Augusta Raurica sowie nach einem kompletten Original aus Zurzach. Im 3. Jahrhundert waren allerdings solche Terracottafiguren kaum mehr in Mode. Es handelt sich auf S. 38 also eher um ein «antikes» Terracotta-Hündchen: V. von Gonzenbach, Die römischen Terracotten in der Schweiz, Band B: Katalog und Tafeln. Handbuch der Schweiz zur Römer- und Merowingerzeit (Bern 1986) 50 Taf. 111,1.

Silbermünze Antoninian des Kaisers Gordian III (238-244) = Silbermünze im Wert von 2 Denaren bzw. 8 Sesterzen: nach Originalfunden aus Augusta Raurica; vgl. H. Mattingly et al., The Roman Imperial Coinage (RIC), Vol. 4, Part 3 (London 1949) Taf. 3.

Bronzemünze Sesterz des Kaisers Severus Alexander (222–235): nach Originalfunden aus Augusta Raurica; vgl. Coins of the Roman Empire in the British Museum (BMC), Vol. 6 (London 1962) Taf. 5.

Seite 41

Turm-Grabmal am Rande der Strasse nach der Rekonstruktion eines Grabbaus in Tarragona (E): von Hesberg 1992, Abb. 86.

Zwei Amtsdiener nach einer Rekonstruktionszeichnung bei G. Lenz-Bernhard, Ein Dosenortband aus der villa rustica Ladenburg «Ziegelscheuer». Archäologische Nachrichten aus Baden 36, 1986, 32ff. Abb. 8.

Armbrustscharnierfibeln an den Gewändern der Amtsdiener, sog. «Armbrustfibeln», Vorform der «Zwiebelknopffibel», nach Originalfunden aus Augst: Riha 1979, 166f. Taf. 50.

Schmuck nach Originalfunden aus Augusta Raurica: Riha 1990, 125 Taf. 2,28; 133 Taf. 9,170; 135 Taf. 12,205; 210; 142 Taf. 17,519; 148 Taf. 30,693-694; 150 Taf. 32,751-753.

Gefängnisfenster nach Funden steinerner Fenstergewände aus Augst und Avenches (VD): unpubliziert bzw. J. Morel, in: Chronique archéologique 1991. Bulletin de l'association Pro Aventico 33, 1991, 126ff. Abb. 6.

Eiserne Fussfesseln nach Originalfunden aus dem Kastell Künzing (D): J. Garbsch, 125 Jahre Bayerische Handelsbank in München 1869-1994. Festschrift: Geschichten aus der Geschichte der Bayerischen Handelsbank [in Verbindung mit der Zusammenfassung von Kunstkalendern der Bank für die Jahre 1979-1993] Römischer Alltag in Bayern. Das Leben vor 2000 Jahren. (München 1994) 164.

Steinbruch am Rhenus nach den Ergebnissen der Ausgrabungen in Kaiseraugst im Jahre 1982: U. Müller, Ausgrabungen in Kaiseraugst im Jahre 1982. JbAK 6, 1986, 147ff. Abb. 3–9; U. Müller, Ph. Rentzel, Ein weiterer römischer Steinbruch in Kaiseraugst. Archäologische, geologische und technologische Aspekte. JbAK 15, 1994, 177ff..

Zerteilen von Felsbrocken mit Hilfe von Keilen nach einer geläufigen antiken Abbautechnik: Adam 1989, 32ff. Abb. 42.

Steinhauerwerkzeuge: Eisenhammer, Zweispitz, Meissel und Eisenkeil nach Originalfunden aus dem Römerkastell Saalburg (D): Jacobi 1897, 230f. Abb. 34,2.3.5.6.15-17.

Schnellwaage mit figürlichem Schiebegewicht nach verschiedenen Originalfunden und Bruchstücken aus Augst: Mutz 1983, z.B. Abb. 17; 20 und 26.

Seite 42

Aufbahrung der toten Knaben, Klageweiber und Leichenzug nach zahlreichen Grabreliefs*: Toynbee 1971, Abb. 8–11; Binder/Effe 1991, 71ff. Abb 1 und 2; Hinard 1987, 159ff.; Ariès/Duby 1989, 214f. bes. Abb. S. 160 und 215; P. Grimal, Römische Kulturgeschichte (München/Zürich 1961[1], Frankfurt/Wien/Zürich 1969[2]) Abb. 29; H. Blümner, Römische Privataltertümer (München 1911[3]) Abb. 76; Allason-Jones 1989, 28ff.; Marquardt 1886[2]/1980, 340ff. (* die Trauerhaltung von sitzenden Personen ist auf Reliefs in der Regel mit angezogenem, umfasstem Knie dargestellt).

Seite 43

Brandbestattung nach Originalfunden und Rekonstruktionsversuchen aus Augusta Raurica und verschiedenen Orten in Schwaben (D) und anderswo sowie nach experimentellen Versuchen. In der Mitte des 3. Jahrhunderts findet der Übergang von der Brandbestattung zur Körperbestattung statt. Wir haben uns erlaubt, in unserer Geschichte eine der letzten Brandbestattungen darzustellen: Fasold 1985, 184ff. Abb. 144; 146; Toynbee 1971, 43ff. bes. Abb. 9–11; Binder/Effe 1991, 71ff.; Hinard 1987, 195ff.; A. Werner, Versuche zur Rekonstruktion provinzialrömischer Brandbestattungen vom Typ Bustum. In: M. Fansa (Hrsg.), Experimentelle Archäologie in Deutschland. Archäologische Mitteilungen aus Nordwestdeutschland Beiheft 4 (Oldenburg 1990) 227ff.

Scheiterhaufen, Grabbeigaben nach Originalbefunden und Beigaben im monumentalen Grabbau vor dem Osttor von Augusta Raurica: L. Berger (mit Arbeitsgruppe des Seminars für Ur- und Frühgeschichte der Universität Basel), Die Grabungen beim Augster Osttor im Jahre 1966. JbAK 5, 1985, 6ff. bes. 27ff. Abb. 17 Taf. 14–15; M. Schaub, Zur Baugeschichte und Situation des Grabmonumentes beim Augster Osttor (Grabung 1991.52). JbAK 13, 1992, 77ff. bes. 82f. Abb. 11.

Tierbeigaben in Form von Schweinefleisch und Hühnern nach zahlreichen Funden von verbrannten Knochenresten in Brandgräbern, u.a. auch aus Augusta Raurica: Schibler/Furger 1988, 145f. Abb. 209,3.6.

Urne, ein typisches Gefäss des späten 2. und frühen 3. Jahrhunderts nach Augster und Kaiseraugster Vorbildern: U. Müller, Ausgrabungen in Kaiseraugst 1989. JbAK 11, 1990, 83ff. z.B. Abb. 26.

Räucherkelch: vgl. Räucherkelch, Kommentar zu S. 10.

Leichenmahl gezeichnet aufgrund antiker Beschreibungen: Marquardt 1886²/1980, 1. Teil 343ff.; sowie in Anlehnung an Fasold 1985, Abb. S. 184 und 188.

Grabstein mit Inschrift D M nach einem äusserst häufigen Formular D(is) M(anibus) = «den Manen» bzw. «den göttlichen Totengeistern»: L. Berger, S. Martin-Kilcher, Gräber und Bestattungssitten. In: Ur- und Frühgeschichtliche Archäologie der Schweiz 5. Die römische Epoche (Zürich 1975) 147ff. Abb. 3; 10; 12; F. Graf, Offizielle und private Religion in den gallischen Provinzen: die literarischen Quellen. In: Glaube, Kult und Gräber. Einführungskurse der Schweizerischen Gesellschaft für Ur- und Frühgeschichte 5 (Basel 1988) 5ff.

Terracotta-Hündchen als Grabbeigabe nach einem Originalfund aus Dillingen-Pachten (D): K. Kell, Das römische Brandgräberfeld von Dillingen-Pachten (Kr. Saarlouis). Bericht der Staatlichen Denkmalpflege im Saarland. Abteilung Bodendenkmalpflege, Beiheft 3 (Saarbrücken 1994) 30f. bes. Abb. 29 (vgl. auch S. 38).

Grabplatte der Brüder Olus und Fuscinus nach einem Originalfund aus Augusta Raurica: Schwarz 1988, 12 Abb. 5; Martin 1987, Abb. 107.

Übrige Grabbauten nach Rekonstruktionszeichnungen verschiedener Originale aus Tarragona (E) und Haidra (Tunesien): von Hesberg 1992, 42f. Abb. 86 und 87.

Seite 44

Stühle nach römischen Reliefdarstellungen im Museum Arlon (B): Lefèbvre 1990, 73f. Kat.-Nr. 49; 78 Kat.-Nr. 52.

Ovale Bronzeplatte Typische und häufige Form des 3. Jahrhunderts, nach Originalfunden aus Kaiseraugst und Rheinfelden-Görbelhof: T. Tomasevic-Buck, M. Peter, W.B. Stern, Ein Bronzedepotfund aus Augusta Raurica (Dorfstrasse 1, Kaiseraugst, Kt. Aargau). Bayerische Vorgeschichtsblätter 49, 1984, 143ff. Abb. 2, Taf. 31,2; H. Bögli, E. Ettlinger, Eine gallorömische Villa rustica bei Rheinfelden. Argovia. Jahresschrift der Historischen Gesellschaft des Kantons Aargau 75, 1963, 5ff. bes. 44ff. Taf. 9,4; 10,1.

Strassenszene beim Westtor mit Sichelentempel und Umfassungsmauer nach einem unpublizierten Rekonstruktionsversuch von Markus Schaub, basierend auf: M. Schaub (mit einem Beitrag von B. Rütti), Das Osttor und die Stadtmauer von Augusta Raurica (Grabung 1993.52). JbAK 15, 1994, 73ff. bes. 91ff. Abb. 33 und 44; zur Tempelanlage vgl. auch H. Cüppers et al., La civilisation Romaine de la Moselle à la Sarre. Vestiges Romains en Lorraine, au Luxembourg, dans la région de Trèves et en Sarre (Mainz 1983) Abb. S. 130 und Abb. 104; E. Gose, Der gallorömische Tempelbezirk im Altbachtal zu Trier. Trierer Grabungen und Forschungen 7 (Trier 1972) 259 mit Abb. U; Martin-Kilcher 1983, Abb. S. 138f.

Mit Girlanden geschmückter Tempel nach verschiedenen antiken Wandmalerien und Reliefdarstellungen, die auch bei den Rekonstruktionen im Archäologischen Park Kempten im Allgäu (Cambodunum, D) als Vorbild dienten: G. Weber, APC Archäologischer Park Cambodunum. 1. Abschnitt. Der Gallorömische Tempelbezirk (Kempten 1989) 40ff.

Im Bildhintergrund links hinten (ausserhalb des Bildes) wäre das *Höhenheiligtum auf der Schauenburgerfluh* sichtbar: Th. Strübin, Das gallo-römische Höhenheiligtum auf der Schauenburgerflue. Helvetia archaeologica 5, 1974, Nr. 18, 34ff. Abb. S. 45; Th. Strübin et al., Ein gallo-römisches Höhenheiligtum auf der Schauenburgerflue. Baselbieter Heimatbücher 12 (Liestal 1973) 214ff.

Seite 45

Bassin mit Springbrunnen in Anlehnung an die Darstellung auf dem Augster Gladiatorenmosaik, Insula 30: Schmid 1993, 90f. Taf. 3-4.

Mosaikboden in der grossen Domus am Stadtrand in Augst, Insulae 41/47 (sog. «Palazzo»): Schmid 1993, 113ff. Abb. 55.

Trinkszene auf dem Triclinium (Liegebett) im Oecus (Esszimmer)* nach zahlreichen Grabreliefs, z.B. aus Bonn und Umgebung (D), aus Rom (I) und aus Pompeji (I): G. Bauchhenns, Corpus signorum Imperii romani. Corpus der Skulpturen der römischen Welt. Deutschland, Band 3,1. Germania Inferior Bonn und Umgebung. Militärische Denkmäler (Bonn 1978) Taf. 28; H.G. Horn, Rheinisches Landesmuseum Bonn. Römische Steindenkmäler 2 und 3. Kleine Museumshefte 8 und 9 (Bonn 1981) 14f. bes. Abb. S. 15 und 17 sowie 28f. bes. Abb. S. 29 und 31; K.M.D. Dunbabin, Wine and water at the Roman convivium. Journal of Roman archaeology 6, 1993, 116ff. Abb 28; Kraus/von Matt 1973, Abb. 216 und 226 (* ob auch Frauen auf dem Triclinium liegend assen oder ob ihnen dabei ausschliesslich Stühle zugedacht waren, geht aus den schriftlichen und bildlichen Quellen nicht eindeutig hervor und ist daher umstritten).

Graffito mit der Jagdgöttin Diana und Hirsch aus der Domus (sog. «Palazzo») am südlichen Stadtrand von Augst (Insulae 41/47): Drack/Fellmann 1988, Abb. 107.

Seite 46

Badebetrieb nach Seneca, Epistulae 56, 1–3 (vgl. Heinz 1983, 13 Anm. 17). – Vgl. auch Brödner 1983, 66ff.; Heinz 1983; Pasquinucci 1987, 17ff; Malissard 1994, 103ff.

Frauenthermen (Augst, Insula 17) nach einem Rekonstruktionsversuch von M. Schaub. In: F. Hoek, Die vorläufigen Ergebnisse der Grabung 1990.51, Flächen 1 und 2 (Augst-Frauenthermen, Insula 17). JbAK 12, 1991, 97ff. bes. 114ff. Abb. 25; Laur-Belart/Berger 1988, 95f. Abb. 85.

Apodyterium (Auskleideraum) mit hölzernen Schäftchen für die Kleiderablage nach den Stabianerthermen und dem Haus des Menander in Pompeji (I): Heinz 1983, 142ff. Abb. 47 und 57; Pasquinucci 1987, 28f. Abb. 15-17.

Sitzbank im Apodyterium nach Originalfunden aus Augst (Inv.-Nr. 1960.2775) und Herculaneum (I): Bossert-Radtke 1992, 91f. Taf. 43 Kat.-Nr. 59; Heinz 1983, Abb. 64 und 65; Pasquinucci 1987, 28f. Abb. 17.

Sculponeae («Geschnitzte», unsere heutigen «Zoccoli» aus Holz) nach Originalfunden aus Vindonissa (Windisch, AG) und Champallement (F): Ch. Simonett, Führer durch das Vindonissa-Museum in Brugg (Brugg 1947) 39f. Taf. 11a; J.-B. Devauges, Circonscription de Bourgogne. Gallia 37, 1979, 450f. Abb. 13.

Badeszene im Tepidarium (Laubad) nach Beschreibungen, Ausgrabungen und Rekonstruktionsversuchen aus Pompeji (I) und Herculaneum (I): Pasquinucci 1987, 55f. Abb. 43 und 48; 61f. Abb. 51-52.

Mosaikboden nach dem Originalfund aus den Augster Zentralthermen, Insula 32, Mosaik II: Schmid 1993, 27ff. Abb. 7 und 10.

Strigilis («Striegel», Körperschaber) aus Bronze nach einem Originalfund aus den Augster Frauenthermen (Inv.-Nr. 1938.5399): Riha 1986, 23f. Taf. 7,65.

Balsamarium (Glasfläschchen mit duftendem Salböl) nach einem Originalfund aus Augusta Raurica (Inv.-Nr. A1987): Rütti 1991, 119f. Taf. 101,2347.

Seite 47

Caldarium (Heisswasserbad) nach Beschreibungen, Rekonstruktionsversuchen und Ausgrabungen aus verschiedenen Orten in Italien: Pasquinucci 1987, 52f. Abb. 42; Heinz 1983, 124ff. Abb. 137; 142ff. Abb. 152.

Bronzener Mischhahn nach einem Originalfund aus Petinesca bei Biel (BE): A. Mutz, Römische Wasserhähnen. Ur-Schweiz 22, 1958, 24ff.; Heinz 1993, Abb. 3 (Rekonstruktion eingebaut im Kaltbad des Augster Römerhauses).

Frigidarium (Kaltwasserbad) nach dem ergänzten Plan des Frigidariums in den Augster Frauenthermen: Laur-Belart/Berger 1988, 95ff. Abb. 86–87.

Brotverkäuferin innerhalb der Thermen in Anlehnung an die «Kuchenhändler, Wurstverkäufer und Zuckerplätzler» in Senecas Beschreibung des Badebetriebes in Baiae bei Neapel (I): Epistulae 56, 3; vgl. Heinz 1993, 15.

Badegeschirr nach einem Fund aus den Forumthermen von Pompeji (I) und nach einer Grabplastik aus Wintersdorf (D): Riha 1986, Abb. 1; Heinz 1983, 147ff. bes. Abb. 151 und 161.

Gemeinschaftslatrine nach den im Eingangsbereich von Thermenanlagen üblichen Latrinen, so z.B. in Ostia (I); Djemila (Cuicul, Algerien), Dougga (Tunesien) sowie nach einem Rekonstruktionsversuch von L. Dahm, in: Brödner 1983, Abb. T,14a; Heinz 1983, 91ff. bes. Abb. 110–111; L. Dahm, Trier Stadt und Leben in römischer Zeit (Trier 1991) Abb. 48.

Achteckiges Steinbecken nach einem Originalfund aus Augusta Raurica (Inv.-Nr. 1955.1289), ausgestellt in der *fabrica* (Werkhalle) im Augster Römerhaus (unpubliziert).

Seite 48

Brunnen nach Originalfunden aus Augst (Insula 30), Kaiseraugst (Schmidmatt) und Pompeji (I): Schibler/Furger 1988, Abb. 81; Bossert-Radtke 1992, 92 Abb. 19 Taf. 46, Kat.-Nr. 61; Kraus/von Matt 1973, Abb. 71.

Inschrift an der Wand in Anlehnung an eine aufgemalte Inschrift (*dipinto*) aus Pompeji (I): Krenkel 1963, 37f. (frei umformuliert von Markus Clausen, Rudolf Fellmann und Markus Peter). Die Inschrift lautet (mit aufgeschlüsselten Abkürzungen):

L(uci) ATTI
GEMELLI II(=duo) VIR(i) I(ure) D(icundo) FLAM(inis)
AVG(usti) N(ostri)
GLADIATORVM PARIA VIII(=octo) PVG(nabunt)
AVGVSTAE RVRACVM
XVII(=decimum septimum) XVI(=decimum sextum)
KAL(endas) SEPT(embres)

Haus eines der beiden Bürgermeister, Lucius Attius Gemellus, von Augusta Raurica: Wir haben dazu die Insula 30 mit dem berühmten Gladiatorenmosaik ausgewählt. Es handelt sich offensichtlich um das Haus eines reichen Bürgers von Augusta Raurica mit Kontakten zu Gladiatoren. L. Berger, Augusta Raurica. Insula XXX: Ausgrabungen 1959–1962. In: Studien zu den Militärgrenzen Roms. Vorträge des 6. Internationalen Limeskongresses in Süddeutschland. Beihefte Bonner Jahrbücher 19 (Köln/Graz 1967) 98ff.; L. Berger, Gladiatores tunicati. In: Gestalt und Geschichte. Festschrift Karl Schefold. 4. Beiheft zu Antike Kunst (Basel 1967) 76ff.; Berger/Joos 1969/70; Schmid 1993, 90ff. Abb. 40; Drack/Fellmann 1988, 163f. Abb. 127; Laur-Belart/Berger 1988, 131ff. Abb. 126; Schibler/Schmid 1989, 35ff. bes. Abb. 60 und 64; Schibler/Furger 1988, 80ff. Abb. 101 und 105; Martin-Kilcher 1983, Abb. 110f.

Pferdegespann mit Wagen in Anlehnung an verschiedene antike Darstellungen: Junkelmann 1990, 64ff. Abb. 63 und 65; Lefèbvre 1990, 70ff. Kat.-Nr. 49 und 55.

Tor zum Haus des Bürgermeisters nach unveröffentlichten Grabungsbefunden aus Augst, Insula 30 (Grabung 1961/62).

Atrium (Innenhof) nach einer Rekonstruktionszeichnung von M. Zaugg. In: Martin-Kilcher/Zaugg 1983, Abb. S. 110/111.

Venusstatue im Atrium nach einem Originalfund, der zusammengeschlagen als Baustein in der spätrömischen Kastellmauer von Kaiseraugst Verwendung fand: L. Berger, Die Venus aus der Heidenmauer in Kaiseraugst. Ur-Schweiz 22, 1958, 55ff.

Seite 49

Vorschau auf den zweiten Band: Prisca und Silvanus. Die Zerstörung von Augusta Raurica.

Literatur

Adam 1989:
J.-P. Adam, La construction romaine (Paris 1984¹, 1989²).

Allason-Jones 1989:
L. Allason-Jones, Women in Roman Britain. British Museum Publications (London 1989).

Andreae 1973:
B. Andreae (Hrsg.), Pompeji. Leben und Kunst in den Vesuvstädten (Essen/Recklinghausen 1973).

Ariès/Duby 1989:
Ph. Ariès, G. Duby, Geschichte des privaten Lebens 1. Vom römischen Imperium zum Byzantinischen Reich (Frankfurt am Main 1989).

Binder/Effe 1991:
G. Binder, B. Effe (Hrsg.), Tod und Jenseits im Altertum 6. Bochumer Altertumswissenschaftliches Colloquium (Trier 1991).

Bishop/Coulston 1993:
M.C. Bishop, J.C.N. Coulston, Roman Military Equipment from the Punic Wars to the Fall of Rome (London 1993).

Bossert-Radtke 1992:
C. Bossert-Radtke, Die figürlichen Rundskulpturen und Reliefs aus Augst und Kaiseraugst. Forschungen in Augst 16 = Corpus Signorum Imperii Romani. Schweiz III. Germania superior. Civitas Rauracorum (Augst 1992).

Brödner 1983:
E. Brödner, Die römischen Thermen und das antike Badewesen. Eine kulturhistorische Betrachtung (Darmstadt 1983).

Conolly 1979:
P. Conolly, Pompeji (Hamburg 1979).

Coulon 1994:
G. Coulon, L'enfant en Gaule Romaine. Collection des Hespérides (Paris 1994).

Cüppers 1987:
H. Cüppers (Hrsg.), 2000 Jahre Weinkultur an Mosel-Saar-Ruwer. Denkmäler und Zeugnisse zur Geschichte von Weinbau, Weinhandel, Weingenuss. Rheinisches Landesmuseum (Trier 1978).

Drack/Fellmann 1988:
W. Drack, R. Fellmann, Die Römer in der Schweiz (Stuttgart/Jona 1988).

Drack/ Fellmann 1991:
W. Drack, R. Fellmann, Die Schweiz zur Römerzeit. Führer zu den Denkmälern (Zürich/ München 1991).

Fasold 1985:
P. Fasold (Hrsg.), Die Römer in Schwaben. Jubiläumsausstellung 2000 Jahre Augsburg, veranstaltet vom Bayerischen Landesamt für Denkmalpflege und der Stadt Augsburg, Zeughaus, 23. Mai – 3. November 1985. Arbeitsheft 27 (München 1985²).

Fellmann 1992:
R. Fellmann, La Suisse gallo-romaine. Cinq siècles d'histoire (Lausanne 1992).

Fröhlich 1991:
Th. Fröhlich, Lararien- und Fassadenbilder in den Vesuvstädten. Untersuchungen zur ‹volkstümlichen› pompejanischen Malerei. Mitteilungen des Deutschen Archäologischen Instituts. Römische Abteilung. Ergänzungsheft 32 (Mainz 1991).

Furger 1985:
A.R. Furger, Vom Essen und Trinken im römischen Augst. Kochen, Essen und Trinken im Spiegel einiger Funde. Archäologie der Schweiz 8, 1985, 168ff.

Furger 1987:
A.R. Furger, Das Augster Amphitheater. Die Sicherungsgrabungen von 1986. JbAK 7, 1987, 7ff.

Furger 1989:
A.R. Furger (mit Beiträgen von S. Jacomet, W.H. Schoch und R. Rottländer), Der Inhalt eines Geschirr- oder Vorratsschrankes aus dem 3. Jahrhundert von Kaiseraugst-Schmidmatt. JbAK 10 (August 1989) 213ff.

Furger 1989:
A.R. Furger, Römermuseum und Römerhaus Augst. Kurztexte und Hintergrundinformationen. Augster Museumshefte 10 (August 1987¹, 1989²).

Furger et al. 1992:
A.R. Furger, M. Windlin, S. Deschler-Erb, J. Schibler (traduction française C. May Castella), Der «römische» Haustierpark in Augusta Raurica. Le parc aux animaux domestiques «romains» d'Augusta Raurica. Augster Blätter zur Römerzeit 7 (August 1992).

Garbsch 1986:
J. Garbsch, Mann und Ross und Wagen. Transport und Verkehr im antiken Bayern. Ausstellungskataloge der prähistorischen Staatssammlung 13 (München 1986).

Heinz 1983:
W. Heinz, Römische Thermen. Badewesen und Badeluxus im Römischen Reich (München 1983).

Heinz 1993:
W. Heinz, Baden, Salben und Heilen in der römischen Antike. Augster Museumshefte 13 (August 1993).

von Hesberg 1992:
H. von Hesberg, Römische Grabbauten (Darmstadt 1992).

Hinard 1987:
F. Hinard, La mort, les morts et l'au-delà dans le monde Romain (Caen Cadex 1987).

Hönle/Henze 1981:
A. Hönle, A. Henze, Römische Amphitheater und Stadien. Gladiatorenkämpfe und Circusspiele (Zürich/Freiburg i.Br. 1981).

Hürbin 1994:
W. Hürbin (unter Mitarbeit von M. Bavaud, S. Jacomet und U. Berger), Römisches Brot. Mahlen – Backen – Rezepte. Augster Blätter zur Römerzeit 4 (August 1994²).

Jacobi 1897:
L. Jacobi, Das Römerkastell Saalburg bei Homburg vor der Höhe. Nach den Ergebnissen der Ausgrabungen und mit Benutzung der hinterlassenen Aufzeichnungen des Königl. Konservators Obersten A. von Cohausen (Homburg von der Höhe 1897).

JbAK:
Jahresberichte aus Augst und Kaiseraugst 1ff. (Liestal/Augst 1980ff.).

Berger/Joos 1969/70:
L. Berger, M. Joos, Das Augster Gladiatorenmosaik. Römerhaus und Museum Augst. Jahresbericht 1969/70 (1971) 3ff.

Junkelmann 1990:
M. Junkelmann, Die Reiter Roms I. Reise, Jagd, Triumph und Circusrennen. Kulturgeschichte der antiken Welt 45 (Mainz 1990).

Junkelmann 1986:
M. Junkelmann, Die Legionen des Augustus. Der römische Soldat im archäologischen Experiment. Kulturgeschichte der antiken Welt 33 (Mainz 1986).

Kaltwasser 1977:
U. Kaltwasser, Die Kölner in der Römerzeit (Köln 1977).

Kaufmann-Heinimann 1977:
A. Kaufmann-Heinimann, Die römischen Bronzen der Schweiz 1. Augst und das Gebiet der Colonia Augusta Raurica (Mainz 1977).

Kaufmann-Heinimann 1983:
A. Kaufmann-Heinimann, Römische Bronzestatuetten aus Augst und Kaiseraugst. Augster Museumshefte 5 (Augst 1983).

Kaufmann-Heinimann/Furger 1984:
A. Kaufmann-Heinimann, A.R. Furger (mit Beiträgen von H.A. Cahn und J. Ewald), Der Silberschatz von Kaiseraugst. Augster Museumshefte 7 (Augst 1984).

Kraus/von Matt 1973:
Th. Kraus, L. von Matt, Lebendiges Pompeji. Pompeji und Herculaneum. Antlitz und Schicksal zweier antiker Städte (Köln 1973).

Krenkel 1963:
W. Krenkel, Pompejanische Inschriften (Heidelberg 1963).

Krug 1985:
A. Krug, Heilkunst und Heilkult. Medizin in der Antike (München 1985).

Laur-Belart 1947:
R. Laur-Belart, Spätrömische Gräber aus Kaiseraugst. In: Beiträge zur Kulturgeschichte. Festschrift Reinhold Bosch (Aarau 1947) 137ff.

Laur-Belart 1966:
R. Laur-Belart, Domus Romana Augustae Rauricae constructa (Basel 1966[4]).

Laur-Belart/Berger 1988: R. Laur-Belart, Führer durch Augusta Raurica, 5., erweiterte Auflage, bearbeitet von L. Berger (Basel 1988).

Lefèbvre 1990:
L. Lefèbvre, Le Musée Luxembourgeois Arlon. Musea Nostra (Bruxelles 1990).

Malissard 1994:
A. Malissard, Les Romains et l'eau. Fontaines, salles de bains, thermes, égouts, aqueducs... (Paris 1994).

Manning 1989:
W.H. Manning, Catalogue of the Romano-British iron tools, fittigs and weapons in the British Museum (London 1989).

Martin 1976:
M. Martin, Das spätrömisch-frühmittelalterliche Gräberfeld von Kaiseraugst, Kt. Aargau (Katalog und Tafeln). Basler Beiträge zur Ur- und Frühgeschichte 5B (Derendingen 1976).

Martin 1978:
M. Martin, Römische Bronzegiesser in Augst BL. Archäologie der Schweiz 1, 1978, 112ff.

Martin 1987:
M. Martin, Römermuseum und Römerhaus Augst. Augster Museumshefte 4 (Augst 1987[2]).

Martin-Kilcher 1987/1994:
S. Martin-Kilcher, Die römischen Amphoren aus Augst und Kaiseraugst. Forschungen in Augst 7. 7/1: Die südspanischen Ölamphoren (Gruppe 1) (Augst 1987). 7/2: Die Amphoren für Wein, Fischsauce, Südfrüchte (Gruppen 2-24) und Gesamtauswertung (Augst 1994). 7/3: Archäologische und naturwissenschaftliche Tonbestimmungen. Katalog und Tafeln (Augst 1994).

Martin-Kilcher/Zaugg 1983:
S. Martin-Kilcher, M. Zaugg, Fundort Schweiz 3. Die Römerzeit (Solothurn 1983).

Marquardt 1886²/1980:
J. Marquardt, Das Privatleben der Römer 1 (Leipzig 1886², Nachdruck Darmstadt 1980).

Mutz 1976:
A. Mutz, Römisches Schmiedehandwerk. Augster Museumshefte 1 (Augst 1976).

Mutz 1983:
A. Mutz, Römische Waagen und Gewichte aus Augst und Kaiseraugst. Augster Museumshefte 6 (Augst 1983).

Otten 1990:
H.-P. Otten, Graffiti auf römischen Wandmalereien. JbAK 11, 1990, 139f.

Overbeck/Mau 1968:
J. Overbeck, A. Mau, Pompeji in seinen Gebäuden, Alterthümern und Kunstwerken (Leipzig 1884, Nachdruck Rom 1968).

Pasquinucci 1987:
M. Pasquinucci (Hrsg.), Terme Romane e vita quotidiana (Modena 1987).

Riha 1979:
E. Riha, Die römischen Fibeln aus Augst und Kaiseraugst (mit einem Beitrag von R. Fichter und Chr. Hochhaus). Forschungen in Augst 3 (Augst 1979).

Riha 1986:
E. Riha (mit Beiträgen von M. Joos, J. Schibler und W.B. Stern), Römisches Toilettgerät und medizinische Instrumente aus Augst und Kaiseraugst. Forschungen in Augst 6 (Augst 1986).

Riha 1990:
E. Riha (mit Beiträgen von C.W. Beck, A.R. Furger und W.B. Stern), Der römische Schmuck aus Augst und Kaiseraugst. Forschungen in Augst 10 (Augst 1990).

Rütti 1991
B. Rütti, Die römischen Gläser aus Augst und Kaiseraugst. Forschungen in Augst 13 (Augst 1991).

Schibler/Furger 1988:
J. Schibler, A.R. Furger, Die Tierknochenfunde aus Augusta Raurica (Grabungen 1955-1974). Forschungen in Augst 9 (Augst 1988).

Schibler/Schmid 1989:
J. Schibler, E. Schmid, Tierknochenfunde als Schlüssel zur Geschichte der Wirtschaft, der Ernährung, des Handwerks und des sozialen Lebens in Augusta Raurica. Augster Museumshefte 12 (Augst 1989).

Schmid 1993:
D. Schmid, Die römischen Mosaiken aus Augst und Kaiseraugst. Forschungen in Augst 17 (Augst 1993).

Schmid 1967:
E. Schmid, Tierreste aus einer Grossküche von Augusta Raurica. Basler Stadtbuch 1967, 176ff. (abgedruckt in Schibler/Schmid 1989, 35ff.).

Schwarz 1988:
P.-A. Schwarz (traduction française C. May), Inscriptiones selectae Coloniae Augustae Rauricorum. Ausgewählte Inschriften aus Augst und Kaiseraugst. Choix d'inscriptions d'Augst et Kaiseraugst. Augster Blätter zur Römerzeit 6 (Augst 1988).

Šimko 1989:
D. Šimko, Antike Maskenspiele im römischen Theater. Eine Geschichte für Kinder und Jugendliche mit Masken zum Ausschneiden und Bastelanleitung. Augster Museumshefte 11 (Augst 1989).

Steiger et al. 1977:
R. Steiger, G.Th. Schwarz, R. Strobel, H. Doppler, Augst, Insula 31. Ausgrabungen und Funde 1960/61. Forschungen in Augst 1 (Augst 1977).

Struck 1993:
M. Struck (Hrsg.), Römerzeitliche Gräber als Quellen zu Religion, Bevölkerungsstruktur und Sozialgeschichte. Internationale Fachkonferenz 1991. Archäologische Schriften des Instituts für Vor-und Frühgeschichte Mainz 3 (Mainz 1993).

Toynbee 1971:
J.M.C. Toynbee, Death and burial in the Roman world (London 1971).

Tomasevic-Buck 1980:
T. Tomasevic-Buck, (mit Beiträgen von H.A. Cahn, A. Meier und A. Mutz), Ein Depotfund in Augusta Raurica, Insula 42. Bayerische Vorgeschichtsblätter 45, 1980, 91ff.

Trunk 1991:
M. Trunk, Römische Tempel in den Rhein- und westlichen Donauprovinzen. Ein Beitrag zur architekturgeschichtlichen Einordnung römischer Sakralbauten in Augst. Forschungen in Augst 14 (Augst 1991).

Walser 1967:
G. Walser, Die römischen Strassen in der Schweiz. 1. Teil: Die Meilensteine. Itinera Romana 1 (Bern 1967).

Walser 1979/80:
G. Walser, Römische Inschriften in der Schweiz, für den Schulunterricht ausgewählt, photographiert und erklärt, Teil 1-3 (Bern 1979/1980).

Weisgerber/Roden 1985
G. Weisgerber, Chr. Roden, Römische Schmiedeszenen und ihre Gebläse. Der Anschnitt. Zeitschrift für Kunst und Kultur im Bergbau 37 (Bochum 1985) 2ff.

Didaktisches Sachregister für den Schulunterricht